聪明人是
如何沟通的

邓琼芳◎编著

云南出版集团

云南美术出版社

图书在版编目（CIP）数据

聪明人是如何沟通的 / 邓琼芳编著 . -- 昆明：云
南美术出版社，2020.12
ISBN 978-7-5489-4334-1

Ⅰ．①聪… Ⅱ．①邓… Ⅲ．①人际关系学—通俗读物
Ⅳ．① C912.11-49

中国版本图书馆 CIP 数据核字 (2021) 第 008665 号

出 版 人：李　维　　刘大伟
责任编辑：汤　彦　　王飞虎
责任校对：钱　怡　　李　艳

聪明人是如何沟通的

邓琼芳 编著

出版发行：云南出版集团
　　　　　云南美术出版社
社　　址：昆明市环城西路 609 号（电话：0871-64193399）
印　　刷：永清县晔盛亚胶印有限公司
开　　本：880mm×1230mm　1/32
印　　张：7
版　　次：2020 年 12 月第 1 版
印　　次：2021 年 3 月第 1 次印刷
书　　号：ISBN 978-7-5489-4334-1
定　　价：38.00 元

前　言

　　放眼世界，沟通无处不在，无时不在。大到世界、国家，小到公司、集体，都离不开沟通，我们每个人都是沟通的组成部分。

　　然而在现实生活中，不少人在沟通方面的表现却总是不尽如人意，总是一张口说话，就让局面变得更加恶化——原本想道歉，说出的话却让对方愈发怒发冲冠；原本想逗趣，讲出的笑话却让谈话因此陷入僵局而更加尴尬；原本想拉近彼此之间的距离，抛出的话题却让对方避之不及……

　　由此可见，沟通这件事说起来简单，张开嘴发出声音，吐出词句，便是在沟通；但是沟通这件事却不容易，说什么，怎么说，一字一句的不同都能带来截然不同的结果。

有些人为什么受人欢迎，轻松就能赢得好人缘？走到哪里都是绿灯？答案其实很简单——这些人最明显的一个特征就是知道如何与人沟通。

　　茶余饭后的闲聊，他们懂得把握好分寸，不多言不多语，更不掺和是非；他们可以洞察世事，洞悉人心，把话说到别人心坎里，让人听得舒心又惬意；即便发生冲突，他们也懂得控制情绪，没有苛责，也不会尖锐……举手投足间散发着不可思议的力量，继而可以同更多人合作、分享、共赢。

　　这就是沟通所带来的价值，这也是聪明人的最佳选择。

　　当然，善于运用沟通和有能力去驾驭沟通并不容易，因为这是对人综合能力的一种考验，其中词汇量的积累，反应能力的锻炼、对周围环境的观察、对人性的揣摩等等，只有肯于自觉重新锻造自己的人，才可能掌握高超的沟通能力。因此，沟通是一门需要很大耐心和毅力去研究的学问。

　　好在，只要你为之坚持不懈地去努力，就算不能把自己变得舌灿莲花，至少也能懂得把话说得深入人心，人人爱听，进而掌控自己的人生大局。

目　录

第三章　不"听话"，没人和你说话

第四章　寒暄就是扯闲篇？

第五章　不要恭维，请真诚赞美！

第六章　幽默！必须幽默！

第七章　情话都不会说吗？

第八章　当年这么讲话的人，到现在还是职场萌新

第九章　看看别人是怎样沟通的

第一章
聪明人曰：
但凡成功，皆靠沟通

一个合作的时代就是一个沟通的时代，当你能轻松愉快地与他人交谈，往往互相传递的不仅是意见、想法、知识等，无数的业绩、机会、财富也将纷至沓来。你会发现，全世界都可以和你很契合。

别怀疑，你想要的，沟通都会给你

一个人的成功取决于哪些能力？

当我抛出这个问题时，得到的答案五花八门，比如创造力、执行力、组织力、生产力、竞争力等，无疑这些能力都是个人和企业非常注重的。之所以注重，是因为能将这些能力结合起来的个人和企业几乎凤毛麟角，而一旦真正做到契合得天衣无缝的，一定会成为超级人才或者超级企业。

那么这些能力从何而来？书本中？经验中？管理中？当然这些都是途径，不过是不太方便，也没有交流性的途径，是笨人才会采用的笨方法。

聪明人选择的方法是——沟通。为什么如此强调沟通？古人云："一人之辩，重于九鼎之宝；三寸之舌，强于百万之师。"一个会沟通的人，犹如百万的军队。这，就是口才的魅力。古人又云："一言可以兴邦，片语可以辱国。""一言""片言"竟然跟兴邦、辱国相关联。这，就是口才的威力。

百年三级跳，沟通已经由原先的第三位上升到第一位，而且地位稳固。

我们处在信息化时代，每天面临的问题很多，面临的机会也很多，如何解决，如何把握，都需要你与他人的不断沟通。随处可见的寒暄问好、商品买卖、商贸谈判、政治交往等各种形式的

语言交流，虽然表现形式不同，但都是沟通。只有沟通顺畅，问题才不会纠缠住你，机会才真正属于你。

沟通不是普通的聊天，而是用心的交流，是信息传递的渠道，联络感情的方式。更进一步说，沟通的双方在传递信息的基础上，还在信息互换的过程中产生了心与心的共鸣，这种共鸣就能产生创造的激情，有了创造激情，才会有执行的热情，进而生产力才会发挥到最大，竞争力自然就形成了。

我曾被一家企业请去指导团队协作，他们面临着企业经济效益持续下降的趋势。事先公司经理向我介绍了一些情况，他认为是员工没有责任心，有了问题就相互推诿，相互抱怨，谁也不想承担。结果推来推去，小事变大，大事搞得没法解决了，所以请我来帮忙培训员工的团队合作意识。

"你认为员工推卸责任的根结在哪里？"我问。

该经理肯定地回答："员工没有协作意识，过于自私。"

我摇摇头说："临行前我做过一番调查，你们这里的人业务能力都很强，都有独当一面的能力。而且他们的职业素养没有问题，不像你说的过于自私。当然自私的心理人人都有，只是这种心理现在被无限放大了。其中的原因在于沟通不畅，工作中员工之间缺少交流，工作不能很好地衔接，而导致这个问题发生的主因是你自己。你有过和员工的沟通吗？有为员工建立起沟通的平台吗？"

"沟通有那么重要吗？大家踏踏实实做好自己的工作不

就行了吗？"经理不解地质问，他确实没有意识到沟通的重要作用。

此后，我为这家公司的员工做了三期沟通力的培训，公司也相应启动了内部沟通机制，比如定期召开周例会、月例会、月末总结会，经理经常听取各部门的重点工作进度情况。几个月后我得到消息，这家公司已经完全解决了执行力不强的问题，员工也不再相互推诿责任了，生产力得到大幅度提升。

看似因为员工自私心理导致的执行力差，其原因竟然在沟通不到位上。为什么我会这样说？因为沟通是交流的手段，沟通是联络感情的方式，沟通是消除矛盾的方法。大家原本可以通过沟通交流出很好的工作方法、工作习惯、工作经验，但管理者没有为员工搭建这个平台，员工就成了一盘散沙。

而善于沟通与交流的管理者，能够将工作的意图及前景准确而有效地传达给员工，员工得到了明确的信息，彼此间再相互交流成功的经验，所有员工汇集到一起就是一股无穷的力量。当创造力、执行力、生产力都得到最佳发挥时，竞争力也会随着提高。可以说，成功的沟通是一切力量的源泉。

稍微留意一下我们身边的人也不难发现，那些具备良好沟通能力的人往往无往而不利，动动嘴就可以打动领导，获得高薪靓职；动动嘴就可以说服客户，赢得财源广进；动动嘴就可以逆转谈判，事业青云直上；动动嘴就可以赢得人心，让朋友遍天下；动动嘴就可以震撼全场，收获热烈掌声……

尚未成功的人跟成功的人区别往往在于：成功的人比较会沟通而已。

既然如此，为什么不想办法把沟通变成一种助力，管好自己的嘴，提高沟通的能力，来帮助我们助推事业，改变命运呢？

沟通制造惊喜，人生充满意外

你希望自己的人生时刻充满惊喜吗？那些意料之外的惊喜总是让人无法抗拒，那你知道如何给自己创造惊喜吗？一个快捷方法就是——多与他人沟通。

沟通是什么？沟通不仅是各种信息的交流，还包括思想、态度、观点和情感的交流。这是一个心态开放、思想解放、能量积聚、智慧绽放的过程。寻求可能性的谈话，往往可以激发出无穷的创造力。

你是否有过这样的经历：当遇到困难时，自己一个人想破了头也想不出解决的方法。别人一句不经意的话就可能让你茅塞顿开，"有办法了！""你刚才那句话提醒我了，太好了！"；在你愁肠百转，不知该如何解决难题时，去请教有经验的人，对方的经验可能会让你少走许多弯路。

这就是沟通所带来的惊喜，当你和不同领域的人沟通交流时，你会得到许多以前从来没有听过的信息，这种惊喜带给你的收益是眼界的拓宽，是思维的活跃，是阅历的增加，这是一笔巨大的、无形的永远不会消失的财富，这些绝非是一次浪漫的旅游、一个开怀的笑话所能比拟的。

剑桥大学的生物学家莫尔斯·威尔金森和弗朗西斯科·克拉克是多年好友，虽然不在一个科研室，但都在探究DNA结构的秘密，所以尽管两人经常见面，一起用餐，但因为有所避讳相互间不会提及研究课题。后来，克拉克的课题搭档因故离开了，本德·沃森抱着对DNA相同的好奇加入进来，两人虽然在性格上迥异，相比于克拉克的外向，沃森属于内敛型，但他们经常一起交流，关系十分融洽。此后，沃森、克拉克、威尔金森三人便一同去咖啡厅小坐，聊聊家常。

威尔金森和搭档富兰克林在课题研究上有所分歧，但两人都没有积极寻求解决之道，一碰上歧异就相互回避，郁闷不已的威尔金森在同克拉克和沃森闲聊时，就越来越多地将实验室的"机密"透露给两人。

克拉克和沃森意识到威尔金森透露出的"机密"有着巨大价值，回到实验室，两人一边研究一边争论，就是这样的争论最终激发了他们的创造力，直至他们解开了DNA之谜。

在破解DNA秘密的实验中，威尔金森本是走在前面的，他和搭档掌握了重要的实验数据，却因为彼此的不交流，最终将解开DNA构造的机会拱手让给了别人。

每一个人的智慧和才能都是有限的，沟通则是内化、借鉴、

更新的过程，就能以群体智慧来解决问题、探讨工作，最终达到双赢的效果。

不仅个人需要如此，企业亦是如此。而且企业涉及的方面更加广泛，同事之间、上下级之间，部门之间，需要共同处理的问题更多，时时刻刻需要保持沟通。当所有人都能够互通有无、优势互补，成功的机会就愈大。如果企业的员工不再沟通了，这个企业距离被商海淘汰也就只有一步之遥了。

正是因为明白这一点，我经常提倡部门之间要定期坐在一起交流。事先，我会重点提出一个议题，有时是我们当前面临的难题，有时是关于未来的发展方向，然后鼓励每个人都要畅所欲言，充分发表自己的看法。与会人员，不论是该领域的精英，还是普通员工或者刚入职的实习生，都是一律平等的。

在我看来，与会人员越不相同越好，不同的人有着他们各自的领域范围，领域知识，获取知识也有着不同的方式，而不同才能出现新的碰撞。各种设想，不论大小，不管平庸或荒诞，我都会安排专人认真地完整地记录下来。即使别人的某些想法很一般，或者很荒诞，我也不会急着去否定它。

在经过讨论之后，通过收集大家传递的信息，迅速兼容整合，往往我们会得出一个非常好的解决方案。有时，一个并不起眼的想法也会使我们产生新的联想，催生出另一个好的想法。也正是这种"集思广益"的活动，公司上下智慧的火花不断地迸发，带来了明显的工作效益。

沟通应该是时刻发生的，没有时间的限制，没有地位高低的限制，更不该有职责限制，只有随时沟通，集中众人的智慧，遍采众人的长处，才能尽早发现问题，将可能的危机降到最低，才能激发无穷的创造力。可见，沟通能力是一个人发展的必备能力，也是企业成功的必要条件。

切记，要达到这一点，重要的不是沟通的次数，也绝不是简单地和对方打个招呼，走走过场，而是要以一种开放的、包容的心态去和别人深入地交谈，在双方开诚布公的交流中具备捕捉开拓性、创造力思维的激情。如此，你的每一步都有可能寻找到机会，机遇将源源不断向你涌来。

沟通到了火候，难事躲着你走

人和人交往的过程中，难免会发生矛盾冲突，有时候因为意见不一致，有时候因为利益冲突。这一点毋庸置疑，我们每天都和各种人沟通，有话不投机三句都多，没有说几句，两个人就开始怒目相对，事情能进展顺利吗？问题能得以处理吗？

对于一个聪明人而言，沟通不仅是一种关键能力，更是一种解决问题的方式。

1944年的诺曼底登陆战役举世闻名，盟军在欧洲开辟了第二战场，加速了希特勒的覆灭。但早在诺曼底登陆的两年前，英国、美国、苏联就曾酝酿过要在法国开辟第二战场，但最终英国和美国因为时机不成熟而放弃了这个计划，转而决定开辟北非战场，即闻名世界的"火炬计划"。但当时棘

手的问题是，斯大林是坚定支持开辟第二战场，因为苏军在东线和德军作战损失惨重，几次大战役都战败了，斯大林压力巨大，急于开辟第二战场来分散德军兵力，缓解东线压力。

在这种局面下，丘吉尔必须要说服斯大林同意暂时放弃开辟第二战场的计划，他亲自来到莫斯科与斯大林会谈。斯大林已经听说了英国和美国要联合爽约，心里恼火不已，他觉得这是英国政府的阴谋，想等德国削弱苏联以后再投入战争，好坐收渔翁之利，于是一见面就严厉地质问："丘吉尔阁下，据我所知，你们不想集结重兵来开辟第二战场，你们想干什么？想看着纳粹占领欧洲吗？"

外交高手丘吉尔早就预料到斯大林会愤怒地表示反对"火炬计划"，于是他没有立即为自己申辩，而是诚恳地说："斯大林阁下，事情的确如您所说。虽然我们有足够的兵力可以登陆法国，但我们觉得现在在欧洲开辟第二战场不是时候，很可能不会成功，还会破坏我们明年的作战计划。战争是残酷的，不可以轻易冒险，我们必须要为整个战争的胜负负责，也要对世界和平负责。"

斯大林听完这番话，脸色更加难看了，声音也更加犀利，继续问："对不起，阁下！我的战争观与您不同，在我看来战争就是一场赌局，必须要冒险，如果没有冒险精神，总是缩手缩脚，战争不可能取得胜利。我真的不明白，你们为什么那么害怕德国人？我的苏联红军在东线与德军浴血奋战，你们却想缩在后方，还以世界和平为借口，我看等德国占领全世界，世界也就和平了。"

　　斯大林一番话说完，丘吉尔感到气氛很紧张。他看到斯大林态度坚决，仿佛不同意开辟第二战场就誓不罢休。为了打破这种令人窒息的气氛，他转移了一下话题，谈论起了对德国轰炸的计划。这是个成熟的计划，英国和美国都愿意投入大量空军，这让斯大林感到满意，脸上也出现了一丝笑意。

　　见此，丘吉尔认为可以向斯大林提出"火炬计划"了，于是说："尊敬的阁下，再来谈谈登陆法国的事情。我认为登陆法国并非最好的选择，我们制定了'火炬计划'。"为了方便理解，丘吉尔特意拿出准备好的地图，说明在法国开辟第二战场与德国相对就像是在攻打鳄鱼坚硬的口鼻，很容易被一口吞下，而"火炬计划"则是针对鳄鱼柔软的腹部进行燃烧，风险小威力却更强。

　　其实，斯大林也想知道盟国有什么好的计划，刚才是因为生气也因为要维护尊严才力主要在法国登陆的。当他听完丘吉尔介绍，认为开辟北非战场很有必要，也从心里赞同先消灭北非的德军，那样等再进行登陆法国作战时，盟军就没有后顾之忧了。他还对这个计划提出了自己的改进建议，丘吉尔表示赞同。

　　会谈进行到此，气氛已经缓和下来，但丘吉尔知道斯大林的心里还是不会舒服，决不能让斯大林带着不满同德军作战，于是他说："我们已经商议妥当，要把三分之一的英美联合空军调到东线苏联军队的南翼，划归苏联方面指挥，以

支援苏军。"

斯大林听完这句话才真正高兴了，脸上露出了满意的笑容。

丘吉尔和斯大林是相互需要的，作为盟友他们必须保持计划和行动一致。当然盟友也会产生分歧，这时就需要依靠沟通来化解分歧了。丘吉尔很清楚这次与斯大林的会谈会非常艰难，斯大林素来以强硬著称，不会轻易改变主意，更不会在战争上听别人的指挥，于是他很注意把握沟通时语言分寸，回避让斯大林感到反感的话题，然后用迂回的方式最终劝说斯大林放弃了原先的计划。

由此可见，最重要的事情，莫过于做一个会沟通的人。

大部分的人际问题是由于沟通障碍引起的，问题能否有效地得以解决，需要每一个当事人充分发挥自身的沟通能力。这就好比你去一家饭店吃饭，你必须告诉服务员你想吃什么？如果你不开口表达，服务员不知道你喜欢的口味，那么你的吃饭问题将得不到解决，问题其实就这么简单。

我曾经和一位同事关系很僵，因为我不赞成他争强好胜的个性，他也不喜欢我安分守己的性格。后来发展到我们俩碰到什么事情，总是喜欢对着干。我们虽然同在一个办公室，但是很少交流说话。双方都对此听之任之，没有做出相应的努力。结果，因为彼此之间缺乏交流，明明是预期很好的项目，我们却由于认知上的不同，理解上的偏差，导致工作不能很好地衔接，工作效率较低。

　　为了及时地挽回局面，后来我们做了很深入的交流，并且约定——有事情讲出来、有疑问问出来、有要求提出来，并将之视为日常性的必要沟通。之后，遇到事情时我们会冷静下来，积极主动地进行沟通，心平气和地商量，渐渐地我认识到他果断做事的利处，他也理解了我保守沉稳的一面。

　　在这个过程中，我们两个都获得了更多的成长与成熟机会。

　　我们无时无刻都离不开与人沟通，沟通可以形成强大的人脉圈。不懂得沟通的人，会将简单的事情复杂化，复杂的事情无序化，最终演变为无解。懂得沟通的人，会将复杂的事情简单化，有大事化小，小事化了的本事。发生矛盾不要紧，静下心来好好沟通，尽早解决矛盾，才是最关键的。

　　知道沟通是解决问题最好的办法后，最主要的是不断地实践它。当大小目标都能通过沟通一一实现，这不就是沟通的学问和魅力吗？

练就好口才，人脉自然来

　　一位年轻人追问："如何改善自己的人缘关系，搭建属于自己的人脉圈子？"

　　我给出的回答是："规范式的沟通练习，这是最有效的方

法。"

为什么我会这么说？因为人活在世上，就是与人打交道的，需要随时处理好与他人的关系。而好的沟通不仅能让对方理解自己的意思，更重要的是，两个不同的人可以通过语言的沟通与交流，从陌生到熟悉，从怀疑到信任，从反对到认同，彼此之间建立一种互信、互助、互动的和谐关系。

我的大学同学莉娜，是某知名IT企业优秀的销售员。几年的时间里，她的业绩一直是公司第一名。很多人都在疑惑：是不是莉娜长得很漂亮？一般漂亮的女孩做销售比较有优势。有这样想法的人一般都有些鄙视心理，认为女性做销售好，大多是靠姿色。但据我所知，莉娜长相普普通通，家庭条件也一般，她的成功源自一个非常好的学习习惯，那就是每天坚持收看《新闻联播》。

为什么这么做？在莉娜看来，《新闻联播》包含国家政策、国内国际等重要事件，这些东西虽然与销售关系不大，却是大众比较关心的焦点问题，都能够成为与客户谈话的话题，而不至于无话可说。事实上，这些内容确实为她和客户的交流起到了重要作用，"我总能同客户聊得来，因为无论国内国际上的大事，我都知道很多，大家认定一个关心社会和国家的人会比较有责任感。"莉娜坦言道。

"你是如何发现这一奥秘的？"我好奇地追问。

莉娜的脸微微地红了，回答道："刚参加工作的时候，别的人你一言我一语聊得很欢，我却总是不知道说什么。在客户面前更是如此，常常因为无话可说而陷入拘谨难堪的境地，可想而知我的工作很长一段时间都处于停滞状态。"

莉娜长吁了一口气，接着说道："后来一次拜访客户时，我无意间发现，该客户正在观看奥运会的花样滑冰比赛，而我本人很喜欢滑冰，于是我们聊起了滑冰。我对滑冰知识的了解让那位客户刮目相看，我们相谈甚欢。我费尽脑神想做成的一笔买卖，最后通过对方喜欢的话题轻松获得成功……"

人与人在搭建一座心灵的桥梁之前，往往需要先搭建一座语言的桥梁，语言的桥梁就是沟通。那些擅长沟通的人都有一个共通之处，那就是都懂得利用良好的谈话能力与人拉近距离、让他人接受自己，并建立良好的人际关系，继而同更多人合作、分享、共赢，不断创造属于自己的精彩。

沟通是社交的必要，是事业的必要，是人生的必要，也是决定个人生存价值的第一要素。"沟"是方法，"通"就是目的。学会沟通，你可以在任何时间、任何地点、面对任何人，都能掌控主导权，实现你的目的。

查理·夏布是全美少数年收入超过百万的商人，当他被安德鲁·卡耐基提名成为"美国钢铁公司"第一任总裁时，刚满38岁，而且年薪一百万美元。

在那个年代，年薪百万美元的工资是令人咋舌的，但卡耐基在接受记者采访时却说："夏布值得我付出一百万美

金。"难道夏布先生确实是个了不起的商业天才？还是夏布先生对钢铁生产方面比别人懂得多？都不是。卡耐基付出疯狂的一百万美元的年薪仅仅是因为夏布懂得怎么说话。

在这里，卡耐基所说的"说话"不是普通意义的语言能力，而是高超的沟通技巧。

当有人问及如何与人沟通时，夏布先生讲了下面这段话："我想，我天生具有引发人们热情的能力。生活中，我广泛接触过世界各地不同层次的人。我发现，促进人将自身能力发展到极限的最好办法，就是大家相互勉励。如果说我喜欢什么，那就是真诚、慷慨地勉励他人，让对方感到被尊重与受重视。"

卡耐基深知提高企业工作效率既依靠优秀的管理机制，也依赖员工的工作热情，而且管理机制只是客观因素，员工的热情才是主观因素。而要激发员工的热情必须靠沟通，也只有靠沟通。夏布先生善于沟通，能够有效激发和团结这些员工，那他就是宝藏，就值得卡耐基付出天价的年薪。

沟通能够起到融洽感情、消除误会、避免冲突、促进合作的作用。善于沟通的人，能迅速赢得别人的好感，更有机会把陌生人变为朋友，把一般朋友发展成莫逆之交，把生意场上的对手变成伙伴。如此良性的循环，必能左右逢源、如鱼得水。哪怕不能因此获利，至少也能避免树敌。

打造和谐人脉的关键，就是学会好好沟通。

明白了这些，你就赶快开始吧。不管你从事什么工作，无论你处在职业的哪个阶段，学会沟通是宜早不宜迟的事。通过简单的谈话，充分展示出自己的各个方面，增加别人对你的好感度，你会发现，你与他人的一切交际都将变得简单，每一步都有可能寻找到机会，机遇将源源不断向你涌来。

沟通如果到位，财富就会翻倍

"给我一次沟通的机会，我就能改变这个世界！"

看到有人这么说，你一定会以为：这个人是不是疯了？

其实，这句话一点儿没错，反而是一句"真理"。

美国人类行为科学研究者布鲁克士就曾断言："发生在成功人士身上的奇迹，至少有一半是由口才创造的。"古今中外的成功人士，不管是纵横天下的王者，还是驰骋沙场的将军，抑或是富甲天下的豪商，最终能在众人之中脱颖而出，并取得令人瞩目的成就，超强的沟通能力都是坚实的基础。

1860年，林肯与民主党候选人道格拉斯竞选美国总统。这似乎是一场没有悬念的竞选，道格拉斯家财万贯，个性张扬，精力四射，而林肯家境贫寒，其貌不扬，生性低调，但是什么让林肯最终战胜了道格拉斯这一强大对手呢？就在于，林肯的话字字珠玑、句句精髓，起到了点石成金的效果。

当道格拉斯在竞选中炫耀财富、制造声势时，林肯诚

恳地对选民说了这样一段话："有人问我有多少财产？我有一个妻子、三个儿子，都是无价之宝。此外还租有一个办公室，室内有办公桌一张，椅子三把，墙角还有一个大书架，架上的书值得每个人一读。我本人既穷又瘦，脸蛋很长，不会发福，我实在没有什么可依靠的，唯一可依靠的就是你们。"

正是林肯这一段真诚得体的话语，成功地打动了选民，增加了他们的认同感和亲近感，最终他以超高票数胜选当上美国总统。

无论在生活上，还是工作中，我们不仅需要与人分享信息、思想和情感，同时也需要接受信息、思想和情感，无论分享还是接受都需要进行沟通。一个口才好的人总是可以流利地表达出自己的意图，不仅如此，他往往只需三言两语就能使别人乐意接受自己，进而推动事情按照自身意愿发展下去。

在现代社会中，任何人都希望获得成功和财富。而从微小的成绩到伟大的成就，都离不开人与人之间的支持与合作，从这个意义上说，沟通就是合作的基础和创造财富的基础。所以，我一直强调，把口才练好是这个世界上最划算的事。只要运用得当，好口才可以帮助我们解决任何问题。

看到这里，或许有人会质疑，认为好的沟通能力固然重要，但却不是万能的，就像用金钱也会有无法买到的东西一样。

说到这里，我想跟大家分享一点自己的经历。

我经常去小区附近的一家理发店理发，这家理发店虽然店面不大，生意却十分兴隆。这个理发店的老板技术过硬，服务态度也很好，最重要的一点是他的口才非常好，很会跟顾客聊天。有时候理完发的顾客有意见时，只要他一解释，几句话就会把事态平息下来，所以每个人都会满意而归。

这次，我发现这家店面扩张了，面积变大，而且新招了几个年轻帅气，而且看起来都很热情勤快的学员。由于我习惯每次都让老板给我理发，于是跟学员说明之后，就坐在休息区等老板。老板正在给一位中年女性顾客烫头发，时间比较久，我等了一会儿有些无聊，就开始观察店里的情形。

一位中年男子理完发后，仔细照了照镜子，觉得不太满意："这头发留得太长了吧！"

这位顾客说话的语气明显透着不满，给他理发的徒弟一下子紧张起来，嗫嚅着有点不敢搭腔，迟疑地站在那里不知该说什么好。这时，老板赶忙走了过来，笑着对顾客说："先生，我们都是根据顾客的脸型和气质来设计发型的，您这个脸型，顶上稍微留长点，显得您整个人很含蓄，这叫藏而不露，很符合您的身份与气质，要是太短了很容易会翻翘，反倒跟你的气质不搭呢！"

中年男子又看了看，显然对这个解释很满意，冲老板笑了笑，付完钱就走了。

这时，旁边另一位小姑娘也理完了，她对着镜子前后左右仔细端详了好一会儿，抱怨另一个学徒："我明明说了修一下，你这剪的也太多了，这看起来已经属于短发了吧！"

　　我看到姑娘气鼓鼓的样子，不由得替那个学徒担心起来，有嫌长的，还有嫌短的，长了可以修短，这短了可没法整了，这小伙子怕是要挨训。这时，老板急忙走过来笑着说："小姑娘，你这短发造型看起来干练多了，显得特别有精神，你今天一进门我就觉得你的气场不一样，你这个造型是我特意交代他给你弄的，不信你自己看看之前的照片，这发型一变，整个人都不一样了！"

　　原本噘着嘴的姑娘听了这番话，又对着镜子端详了一番："好像还真是，嘻嘻！"

　　眼看着老板送走了眉开眼笑的小姑娘，我心里对老板的佩服又深了一层。后来，他在给我理发时，我忍不住聊起这些，他跟我分享了几十年招呼顾客的心得："招呼顾客其实就是说话，每个人的脾气不一样，有的急，有的慢，有的大大咧咧，有的斤斤计较，啥样的人说啥样的话，这心里得有数。"

　　"比如有些人一看就是急性子，或者很赶时间的样子，他们总是嫌理发慢，耽误时间，耐心也有限，这样的人你得多夸赞这发型给他增加了气质和魅力，让他觉得他这时间花得有价值，他才能满意。"

　　"也有那些嫌我们理发太快，不够精细的，这样的顾客，你不能直接跟他辩解说你理得没毛病，又快又好，这样跟他们是说不通的，而是应该转移视线，比如说看他气质不凡，一定身居高位，工作繁忙，这样快点，是为了节省他的宝贵时间。"

"把话说好了，所有顾客挑剔的问题，都能迎刃而解。对于我们来说，要想让每位顾客真正满意，说话的艺术，丝毫不能比理发的技术差……"老板一边说一边看着旁边的几个徒弟，几个徒弟也很机灵，个个都听得很认真，想必他们也从中学到了不少说话的技巧，我也忍不住冲老板竖起大拇指。

语言，是思想的载体，是交流的工具。口才的好坏直接左右一生的成败，拙嘴笨舌者财路不畅，寸步难行，每况愈下；善言巧说者生意兴隆，左右逢源，心想事成。任何人都希望获得成功和财富，当我们可以运用有效的沟通方式为自己赢得他人更多的信任时，财富实际上就已经来到了我们面前。

愿我们都能借助语言的力量，打开走向财富和成功的通道。

一说话就打怵，你会走投无路

"为什么我的努力别人看不见？为什么大家都不重视我？"

此刻站在我眼前的小伙子，叫赵雍，公司新来的实习生。在我的印象中，如今的"90后"朝气蓬勃，个性自我，身上带着满满的正能量，但赵雍却是一个例外，他非常腼腆害羞，小组讨论时他总是坐在最不起眼的位置，默默地坐在一边倾听，从不会主动和人说话，也不会举手回答问题。

　　"你的问题在于，你从不表达自己。"我直指问题所在。

　　赵雍的眼睛亮了一下，犹豫了几秒，他才小声地说道："我很怕生，又敏感，见到不熟悉的人不知道该说什么，也不知道该如何相处。公司开会时，看着大家你一言我一语交谈甚欢，一开始我也曾尝试参与进去，但因为内心的胆怯，我觉得自己说了也没有人会听，所以索性也就不说了。"

　　"想听听同事们对你的评价吗？"我追问，见赵雍点了点头，我继续说道，"你总是不张开嘴表达自己，大家觉得你没有自己独立的想法，因为对同事没有好感才沉默寡言，对工作没有责任心才不屑参与讨论……如此，你怎么说服老板重用你？怎么协商解决工作上的纠纷？怎么取得职业上的发展？"

　　"没有人会主动发现你，除非你主动表达自己。"我告诫道。

　　这些年，我遇到过不少像赵雍一样的年轻人，他们明明有很多想法和意见，但关键时刻脑子一片空白，表达不出来或者不敢表达；特别渴望与人交流，也知道与人交流是好事，但就是容易紧张焦虑……这可能与性格有关，可能来自经历。但一个不争的事实是，缺乏当众表达自己的勇气，不敢也不愿在人前讲话，即便你再优秀，能力再出众，想法再独特，他人也无法注意到你。

　　有人曾说："人生的困扰，十之八九都出在人际关系；而人际关系的困扰，十之八九都是因为不善于沟通。"事实确实如此，你不敢沟通，无法更好地表达自己的想法，没人是你肚子里的蛔虫，怎么可能知道你在想什么？不管走到哪里，你都玩不转、混不开，甚至会莫名其妙地吃哑巴亏。

你明明是个很有想法的人，却因为不敢当众表明自己的想法，变成大家心目中那个平庸的人，是不是觉得非常遗憾？你是否不服气那些工作能力没你强的人却凭着伶牙俐齿爬到你上面？不要抱怨别人有眼无珠，不要埋怨上天待人不公，一切存在都是有道理的。这个道理，就是沟通决定成败。

我们常说"是金子总会发光"，但现在是一个"沟通红利"时代，每个人每天不可避免地要与各种各样的人沟通。从一定意义上说，主动表达自己就是推销自己。

当公司召开会议时不妨积极发言，主动而得体地提出自己独特鲜明的观点；面对自己擅长的事情或领域，勇敢地站出来，当仁不让地展示自我能力和素养……这不仅表现了你有较强的心理素质，还体现了你有很强的自信心。毫无疑问，在这个竞争激烈、人才辈出的社会里，这种由内而发的精神状态，能增强别人对你的好印象，对你增加信心和信任，一个个成功的契机就这样出现了。

林鹏是一家汽车公司的销售冠军，这个名号持续了十几年。有人问林鹏成功的秘诀，他说很简单，就是把自己推到人前。

刚做这份工作的时候，林鹏没有什么认识的人，怎么开拓客源呢？他开始参加各种商界培训、酒会等，一旦遇到

认识的人，他会主动叫对方的名字。如果遇到不认识的人，林鹏的手就会立刻习惯性地伸进口袋里，然后有礼貌地掏出名片送给对方，友好地说："嗨你好，我叫林鹏，请多多关照。"

有人这样描述林鹏："他几乎总是穿着同样的打扮，非常简朴和平平凡凡的黑色。当他一出现，他总是会热情地和你谈话，就像是老朋友见面一样亲切……"

林鹏是一个篮球迷，他甚至前往体育场看篮球比赛时，也会随身带着名片。逢球场休息时，他就站在体育场边上，对来往的观众赠送自己的名片，以引起别人对自己的关注。

许多人对这种做法感到不解，但林鹏认为，每一位推销员都应该把自己推出去，设法让更多的人知道他是干什么的，销售的是什么商品。这样，当他们需要他的商品时，就会想到他。的确，当人们想要买汽车时，总会想到那个名片的主人。就这样，林鹏在公司一直保持着最好的销售纪录。

林鹏的巨大成功，就在于他善于主动地与人沟通。

人与人之间交流思想，最有效的途径就是语言，敢于讲话才有机会。所以无论是在职场，还是陌生的环境中，自信大方的地与人交流，大胆发表自己的看法。使别人能认识你、了解你、接纳你、支持你，这样你就会成为一个处处受欢迎的人，获得种种机遇的契机也会大大增加。

一说话就打怵人都以为打怵的只有自己，以为别人并不打怵，总是在想："为什么只有我会这样不敢当着众人表达呢？"

其实，这种怯场并非某个人的特有现象，而是许多人如此。在大庭广众面前表现自如，这对每个人来说都是一种有难度的挑战。但好在，这一沟通障碍是可以努力克服的。

下面，我就向大家推荐一些行之有效的方法。

采用积极的心理暗示

很多时候，我们怯场是因为内心不相信自己。想要做到不怯场，就要勇敢面对自己的恐惧，并从内心肯定和相信自己，为自己打造一个安全世界，"你很棒！相信自己""你会做得很好，加油！"……积极的心理暗示虽是一个已经被人说滥的话题，但是它真的很管用。永远记住，胜利来自于勇气。

提前做好准备是关键

如果你时常不敢当众表达自己，却又想尝试突破，不如将自己想讲的内容写下来，反复研读。当然，你不必逐字逐句地背诵，只需将内容做到非常熟悉，记住开头的两三句话，或者前几分钟就可以了。往往只要一个顺利的开头，你就能平复内心紧张的情绪，进而自然流畅地说完所有内容。

多多练习经常开口

俗话说"台上一分钟，台下十年功。"人前的好口才，是人后苦练的成果。平时要多多开口，你可以对着镜子自己练习，也可以让亲戚朋友当听众对着练。不怕开口，勇敢开口，可以帮助我们克服紧张情绪，同时可以积累丰富的经验。相信，总有一天你可以闪亮登场，让大家刮目相看。

第二章
彼此尴尬，
还能好好说话吗

　　沟通最怕的是什么？当然是谈话不能继续下去。不管是无话可说的尴尬，还是惹怒对方的窘境，都是我们难以面对的。因此，沟通的关键一步就是好好说话，让人听了心里舒坦并且产生好感。

不折不扣的聊天终结者

据我观察，现实生活中有些人在沟通方面的表现非常不明智。比如有这么一些人，在和人说话的时候特别喜欢争强好胜，不管别人说什么，他都要去"挑衅"几句。无论别人说什么话，他总能找出茬来。就好像只有把别人堵得说不出话，才能彰显自身的优越感，证明自己高人一等似的。

关于这一类人，我们称之为"聊天终结者"，因为他们分分钟就能把天聊死。这类人通常都不算聪明，因为语言的力量是非常强大的，一句不中听的话就可能毁掉自己的优势，将自己隔绝在别人的社交圈子之外。

这一点其实并不难理解，众所周知，我们与别人沟通交流，进行社交活动，无外乎就是为了两个方面的原因：一是建立良好的人际关系，累积自己的人脉；二就是彼此找点乐子，打发时间。不会好好说话，把聊天堵死，除了让别人感到不快活，越发不喜欢与你交流之外，还能带来什么呢？

同事刘姿就是这样一个"聊天终结者"，不管和谁说话都喜欢带"刺"，不管别人说什么都喜欢抬杠几句，经常一句话就把别人堵得哑口无言。

一次，同事小A提议："附近新开了家麻辣烫，味道可

正了，我们下班一起去尝尝吧？"刘姿一脸嫌弃："那种小店有什么好吃的，卫生条件都不过关。要说好吃，还得是市中心那家日料，但凡是有点品位的人都知道。"

还有一次，同事小B在聊天时感叹："那部韩剧你们看了没有？就是最近特别火的那部！我昨天看了几集，男主角真的好帅啊！"刘姿一撇嘴："都多大的人了，看什么韩剧？那种脑残剧情，也就能骗骗那些什么都不懂的小姑娘了。"

使用这样的方式与人交流，即便这个人再好，也很难让人感到愉悦，对吧？不少朋友私底下都劝过刘姿，让她说话不要总是这么得罪人，可她却一直都不以为然，她认为，自己能说会道那是本事，别人怼不过自己那是嘴笨，而且她又没说错，凭什么要假惺惺地说些漂亮话去附和那些人！

渐渐地，大家都不怎么喜欢刘姿，年底内部评分时她的分数总是最低。

刘姿为此感到委屈，觉得大家是故意针对自己。直到有一次，她和公司一位平时文文静静，不太喜欢说话的同事争论一个话题，结果被对方辩驳得哑口无言。这时她才发现，原来这个她一直以为"嘴笨"的姑娘居然这么牙尖嘴利，"没想到你口才这么好，那你为什么平时都不怎么做声？"

看着刘姿惊讶的样子，那位同事腼腆地笑了笑，说道："其实，平时聊天的时候，没必要什么都争出个胜负，聊天又不是打仗，往常不和你争论，是因为我觉得没什么意义。那些被你怼得说不出话的人，也未必都是因为说不过你才不说的，可能也和我一样，只是觉得没必要浪费时间和你争论这种毫无意义的事情罢了。毕竟一时的口舌之快，并不能给我们带来任何好处，不是吗？"

在这个时代，人与社会已经密不可分，不管做什么事情，靠单枪匹马是永远不可能成功的，人脉关系几乎决定了事业的成败。而人脉关系的建立与维护，与个人的沟通能力是直接挂钩的。那些会说话的聪明人，从来不屑于在鸡毛蒜皮的小事上反驳别人，或时时刻刻恨不得怼死别人好凸显自己。

要记住，一场真正愉快的聊天，必然是要在你来我往中进行的，而愉快的聊天无疑正是促进社交关系最直接有效的方式。

会说话的人通常都有好人缘，能够在社交活动中做到游刃有余，就是因为他们懂得，面对什么样的人应该说什么样的话，在什么样的场合应该主导一场什么样的聊天。

陈源是一家电子产品公司的推销员，初入职场的他虽然没有什么经验，却有着丰富的销售理论，每个月的销售业绩排名，他总是名列前茅。

"现在的客户这么难搞，你究竟是怎么做到的？"有同事追问。

"其实不是客户难搞，重要的是我们的说话方式。"陈源回答。

"但有些客户喜欢挑三拣四，怎么可能好好地聊下去？"同事不解。

　　"即便客户挑三拣四，我们也不要去反驳他们。"陈源回答，"没有人喜欢一个反驳自己的人，我们不喜欢这样的客户，客户同样也不喜欢这样的销售。所以我们要改变自己的态度，当顾客发表观点时要先肯定他们，然后再进一步谈其他的。"

　　确实如此，当客户反馈说市面上有同类产品，价格却低时，陈源总是在第一时间内肯定对方，"这种说法没有错，市面上确实有很多比我们价格便宜的产品，但本公司尽一切能力使产品尽善尽美，绝不使用廉价原料、廉价劳动，制造凑合能用的产品，您肯定要使用寿命长、高质量的产品，对吧？"

　　结果，客户们都不会对陈源产生太大的抵触心理，反而可能会认真考虑，甚至接受他的意见，这样就为成交做好了铺垫。

　　可见，会不会说话，懂不懂聊天，决定了你社交活动的成败。

　　在沟通过程中，我们需要的显然应该是一场可持续的、双方都感到愉快的交流，而不是一个人出尽风头，卖弄语言的"锋利"；而如果只是为了打发时间，找点乐子，那么就更没必要去争强好胜，破坏气氛了。不刻意反驳他人，更不要通过打压对方彰显自身优越感，这样的人才能受人欢迎。

说话不小心，倒霉难绕开

我们的嘴巴有两大功能，一是吃喝，二是说话。吃喝无度会损害人的身体健康，而口无遮拦则会为人招惹祸患，正可谓"病从口入，祸从口出。"

确实如此，社交关系本身就极为错综复杂，每个人都有各自的爱憎喜恶，而这些只靠浅表的交往是很难快速判断出来的。在这样的情况之下，会不会说话就显得极为重要了，一句不谨慎的发言，一句不恰当的言语便可能触犯到对方的逆鳞，引起对方的反感甚至是厌恶，从而引发各种矛盾冲突。

我曾看过一则令人惋惜的新闻事件：

湖北武昌，23岁的胡某因口角纠纷，将面馆老板砍了。

据围观人讲，争吵的起因也不是多大的事儿，就是胡某在点了三碗面之后，发现每碗面比标价都贵了一块钱，问老板："凭什么涨价了？"

面馆老板答："吃不起别吃！"

胡某大为恼怒，便和老板起了争执，双方互不相让，越说越过分，最后扭打到了一起。结果，客人冲动之下拿起一把刀把老板砍了，场面十分血腥！

三碗面，三块钱，赔进了一条鲜活的生命，赔进了一个人的

人生。

　　试想，如果一开始的时候，胡某能够心平气和地和老板反映情况，"老板，我经常在你家吃面，为什么这次涨价了？"或者老板能够对客人的意见礼貌应对，"不好意思，原材料涨价，房租涨价，面价也涨了，请您谅解一下。"多半这场灾难就不会发生了，那么这场惨剧也不至于会发生。

　　真正伤害人心的不是刀子，而是比它们更厉害的东西——语言，在不恰当的场合说出不恰当的话，即便这些话未必带着恶意，也会如同尖刀一般，可以凌迟人的心灵，让人痛到铭记终生。人与人之间的隔阂往往都是由说话而起的，管不好自己的嘴巴，很容易毁掉一段弥足珍贵的情谊。

　　孙蒙和高彤是大学同学，两人情同姐妹，感情非常深厚。

　　有一段时间，高彤丈夫的公司遇到了一些问题，会计和副经理合谋卷款潜逃，导致公司陷入严重的财务危机，高彤为此抑郁不振。在得知高彤的情况之后，孙蒙热情地组织了一次聚会，约了高彤和几个做生意的朋友，试图帮高彤找找门路，看看有没有希望能帮高彤丈夫的公司一把。

　　原本这是件好事，高彤心里对孙蒙也十分感激，一开始气氛也是挺融洽的。可没想到的是，在饭桌上大家推杯换盏一番，孙蒙一个没忍住，开始春风得意地说起自己最近接到的一笔大单子。在大家的恭维声中，孙蒙完全把高彤丈夫的事给忘了，反而滔滔不绝地开始讲述自己光辉的创业史。

　　高彤一直是个比较要强的人，所以在约朋友聚会之前，孙蒙也并没有把高彤的事情告知大家，所以大家说起话来自然也就没什么避讳，一个个相继炫耀起自己的成功，顺便还把一些圈子里发生的生意失败的事情拿来当笑话说。到了后来，孙蒙越说越兴奋，甚至还凑到了高彤面前，头头是道地帮她分析，她丈夫的公司有哪些不足，到底是哪里做的不好，才导致经营失败，应该如何改善等等。

　　高彤虽然也知道孙蒙未必存了什么坏心思，但她心里就是难受得紧，一会儿去趟卫生间，一会儿又说打个电话。最后，干脆找个借口提前离开了聚会。

　　后来，在一些朋友的帮助之下，高彤丈夫的公司总算度过了难关，但高彤和孙蒙的关系却出现了裂痕，再也不像从前那般亲密了。虽然高彤后来从没再提那天聚会的事情，但每次一看见孙蒙，她就总能想起那时她那一副得意洋洋的样子，心里就会升腾起一股无名火，所以最好是不如不见……

　　本来是一对亲密无间的朋友，却因为不当的言语而造成了难以消除的隔阂，令人惋惜！

　　每个人都有虚荣心，都想在春风得意时炫耀一番，享受他人的称赞和崇拜。这无可厚非。但是此时高彤丈夫的公司正面临危机，正是高彤失意痛苦的时候，孙蒙却在这样不当的场合之下，炫耀自己的成功和一帆风顺，这些话就像是在高彤的伤口上撒盐一般，最终毁掉了这份难能可贵的友谊。

　　相信孙蒙组织聚会的初衷确实是为了想要帮助高彤，只可

惜，她没能管住自己的理智和自己的嘴，硬生生把一件好事变成了一件坏事。

人际关系的复杂决定了一个人不可能真正地放纵自己，因言成祸的事情总是在提醒我们，说出口的话还是谨慎为好。在说话之前考量一番，说出的话会不会令别人心生不快，知道什么说该说，什么话不该说；知道该怎么说，不该怎么说，要懂得适可而止，看对象、看场合、看情况。

言行一定要有所节制，恶言不出口，苛言不留耳，不仅能够让你感受到更多的轻松和愉悦，而且能够为你赢得更好的人缘和更多的机会，更快更好地走上成功之路。

自己说话率直，我看是说话方式不对

在我们身边，总有这样一些人，他们人看起来挺好，但说话口没遮拦，经常哪壶不开偏偏提哪壶，别人最怕什么他们就说什么，让人脸上红一阵紫一阵下不来台。而对方末了还要挥挥手，满脸豪爽地补上一句："我这人性格就是这样，说话直，向来是有一说一，有二说二，你不要介意……"

要我说，这哪是性格的原因，分明是说话方式不对。

以前，我有一个同事叫陈琳。陈琳开朗活泼、性格直爽，而且待人非常热情，经常积极地给朋友施以援手，这种人本应该是很受欢迎的，可是同事们却不喜欢她。因为陈琳总是管不住自己的嘴巴，那张嘴只要一张开，就能精确找到别人的痛点，足以抹杀掉她在别人心目中累积的一切好印象。

有位女同事结婚前体型还挺匀称，结婚后或疏于锻炼，长胖了不少。该同事最忌讳别人说她胖，最近正在努力地减肥。这天该同事穿了一条新裙子来上班，陈琳一看到她就调侃："这裙子不适合你，你那么胖，穿着跟个水桶似的，肚子都凸出来了，真不好看。你还是买点那种宽松点儿的，遮肉……"

有位男同事新交了一个女朋友，这段时间正沉浸在甜蜜的幸福中，手机屏保都是对方的照片，我们大家都纷纷送上祝福。陈琳看了对方的照片，却撇撇嘴，满脸不以为然地开始念叨："你眼光也太差了吧，这个女孩长的一般，身材也一般，连工作都一般，你怎么还跟捡了个宝贝似的……"

当听说一位同事准备辞职创业时，陈琳又开始絮絮叨叨地告诫对方："创业？你能干得了吗？你这个人性格内向，又有些木讷，不会讨好人，连说几句漂亮话都不会，以后怎么和客户打交道？要我说，你还是太冲动，这年头能安安稳稳有什么不好，非得好高骛远，小心失败了连翻身都没机会……"

面对这样一个口没遮拦的人，你能忍受多久呢？你真的愿意和这样一个"直爽"的人做朋友吗？相信答案是显而易见的。

我们欣赏直爽的人，因为这种人真性情，不虚伪，不做作，

感情直白而热烈，不会故意讨好不喜欢的人，也不会去算计什么阴谋诡计。但直爽是感情上的直来直往，而不是语言上的没教养，不是戳人痛处，揭人伤疤，说那种哪壶不开偏偏提哪壶的蠢话，打着"心直口快"的幌子出语伤人。

不管是普通的人，还是身份高贵的人，我们每个人身上都有这样那样的缺点和不足，以及不愿被人提及的敏感点。对于绝大部分人来说，一旦被人提及这些缺点和不足，尤其是碰触了敏感点，就会觉得自尊心受到了严重的伤害，轻则滋生反感的情绪，重则可能产生愤怒和仇恨的心理。

我们常说"打人不打脸，骂人不揭短"，但凡有教养的人，性格再直爽，他们在说话之前都会仔细地考量，都会顾及他人的感受，言谈之间一定会注意措辞，绕开别人不愿被人提及的话题，尽量保证说出来的话不会得罪人。这是与人交往的基本素养和修养，更是受人欢迎和尊重的关键。

冯骥才是当代著名作家，有一次他前往美国访问，有位美国朋友带着孩子来看望他。就在谈话间，那个捣蛋的孩子爬上冯骥才的床，站在上面又蹦又跳。

冯骥才想让孩子停止这种不礼貌的行为，但是如果直截了当地让孩子下来，势必会让其父亲对此感到歉意，也会显得自己不够热情。

于是，冯骥才想了一下，说道："请你的儿子回到地球上来吧！"

那位朋友心领意会，回答："好的，我和他商量商量。"

　　结果，既达到了目的，又显得风趣。

　　人的一生就是说话、做人和做事。真正的直爽应该建立在相互尊重的基础上，而一个人如果真的关心另一个人，那么无论做什么、说什么，必然都会顾及听者的立场与心情，而不是任由自己的性子，想说什么就说什么。而一个人心中究竟抱有的是善念还是恶意，是可以从话里行间感受到的。

　　语言的表达方式有很多种，即便是同样的意思，也完全可以用许多不同的方式来进行表述，而不同的表述方式所带给别人的感受自然也是不尽相同的。所以，若你的"直爽"全然是出自于对朋友的关心和担忧，那么为什么不能用一种更容易让对方接受的方式来把你的提醒或规劝说出来呢？

如果想一生孤单，尽管去唇枪舌战

　　大千世界，每个人都有自己的脾气秉性，并不是每一个人的脾气都能跟你合得来，也并不是每一人都能和你有相同的想法，都能够做出如你所愿的事情。这样一来，我们就难免要说服他人。可说服他人并不是什么容易的事情，有的人脾气比较倔强，有的人蛮不讲理，让人忍不住恼火。

　　这种情况下，我们就要和别人争吵起来，或是强迫他们听取自己的意见吗？在我认为，遇到什么事都不要急着跟人争辩，因

为争辩让两个人站在不同的对立面，大有不是你死就是我亡的局面，如此不会给你带来朋友，反而可能失去朋友，伤了感情，也永远无法实现说服别人的目的！

本杰明·富兰克林曾有过一段非常智慧的话："如果你是那种争强好胜的人，或许一时逞强赢得一场辩论，但这种胜利最终是毫无价值的，也得不到任何人的好感。"

想必大家对富兰克林的名字并不陌生，他是美国历史上最为著名的政治家和科学家之一。在年轻的时候，富兰克林就展现出了无与伦比的优秀，除了聪明睿智的头脑之外，他还拥有能言善辩的口才。但也正是因为这个优点，使得他常常得罪人而不自知，在人际交往中屡屡碰壁。

比如，每一次在与别人聊天的时候，如果对方提出一些富兰克林不赞同或者认为是错误的主张，那么不管在什么场合，他都一定会非常激动地与对方进行争辩。当然，因为有着聪明的头脑和渊博的知识，几乎每一次辩论，富兰克林都没有吃过亏，总能以他的滔滔雄辩获得最终的胜利。结果，即便他是个非常优秀的年轻人，人们也并没有因为他所展现出来的优秀而更喜欢或者更尊重他。

一个非常关心富兰克林的朋友对他说道："本杰明，有时候你这个人真的太无药可救了，你总是这么无礼地和别人争论，直到把对方说得哑口无言。你的确很聪明，懂很多东西，但也正是因为这样，所以你的很多朋友都觉得和你在一起简直无话可说，事实上，或许远离了你，他们才会更快活。"

这番话让富兰克林触动很深，也让他豁然明白，为什么自己明明不曾做过什么恶意的事情，却似乎总是不讨人喜欢。他开始反省自己的一言一行，并给自己立下了规矩：以后再也不直接去反对或伤害他人。

这之后，每当再遇到类似的情况时，富兰克林都不会再咄咄逼人地去与人争论，而是先找出一些特定的事例去肯定对方的某些观点，然后再提出自己认为存疑的地方，最终才一步步说出自己的想法。结果事情有了奇迹般的转变，人们似乎反而更容易被他说服，接受他的意见了，聊天气氛融洽而愉快。

说服的目的不是吵架，而是通过谈话来使得双方达成一致，并且形成一个切切实实的结果。一场成功的说服，其结果应该是双赢的，你达成自己的目的，也让对方得到他所想要的东西。争吵可能会让你失去朋友，而说服则是帮助你将敌人变成朋友，这就是说服与争吵最大的不同之处。

正如罗宾森教授在其著作《下决心的过程》中所说："我们有时会在毫无抗拒或热情淹没的情形下改变自己的想法，但是如果有人说我们错了，反而会使我们迁怒对方，更固执己见。我们会毫无根据地形成自己的想法，但如果有人不同意我们的想法时，反而会全心全意维护我们的想法……"

无论在哪里，我们都会遇到和我们意见不同、想法不同的人。有时候，为了实现某些目的，我们不得不想方设法地去说服

对方，让对方认同我们的观点，接受我们的意见。但不管在这场说服中，有多少硝烟弥漫，我们都不能把说服当成一种争论，更不能把我们需要说服的对象看作是敌人。

我的切身经验是，在说服他人的时候，最忌讳的就是争辩，尤其是对方在某一件事情上情绪不好，措辞激烈的时候，你的争辩就等于火上浇油。为此，在开口说话之前，我们应该明确自己的目的，想清楚眼下这场谈判的目的，究竟是为了分出胜负，还是完成说服，从而达到双赢的目的。

如果你想要做的，是说服对方，让对方接受你的提议，按照你的想法去做事，那么就一定要能控制自己的情绪，无论当下有多么愤怒，都要杜绝通过争辩和反驳的方式和对方交谈。我们可以首先对对方的做法表示认同，然后再用一种温和的态度、委婉的方式，一步步去表达自己的不同意见。

这样一来，既不会刺激到对方的情绪，又会让对方感觉到自己是被理解的、被尊重的，进而更愿意听听你是怎么说的。如果你的想法确实有合理的地方，相信对方最终会情不自禁听从你的。这正如一位智者所说："必须用若无实有的方式教导别人，提醒他不知道的事情好像是他忘记的。"

没人跟你说"请安静一下"吗

有人曾经问过我一个问题："话特多的人是不是口才好？"

我的回答是："话说多了有什么好处呢？比如池塘里的青蛙

整天整天地叫，弄得口干舌燥，却从来没有人注意它，人们还嫌弃它过于聒噪。"

多年前，我曾在一本杂志上读到一则笑话：

"啰唆先生"出差在外数月，终于可以在下月回家了，于是写信往家中相告，信中洋洋洒洒上万字，开遍写道："我将于下个月回家，不是1号就是2号，不是2号就是3号，不是3号就是4号，不是4号就是5号……不是28号就是29号，不是29号就是30号。为什么不写31号呢？因为下个月是小月……"

虽然这只是一则笑话，但这种啰啰唆唆、拖泥带水、言语空泛的人，是很令人讨厌的。与人沟通时，也不乏这样一些人，他们只顾着自己说着痛快，不停地说，唠唠叨叨没个完，这些人虽然说了很多的话，可未必是会沟通的人，因为他们句句不着边际，即便说再多的话也没有任何用处。

每个人的时间都是有限的，精力都是有限的，没人喜欢别人的长篇阔论。每当遇到这种人，我都禁不住想说："亲，请你安静一下，好吗？"在这里，所谓的"安静"不是停止说话，而是能够做到语言简明扼要，简中求简，简中求精，说出一句算一句，句句都能说到点子上，这样的说话才会讨人欢喜。

有一次，我被邀参加一个行业宴会。这次宴会是行业内规模最大、水准最高的，我希望自己能借机了解到一些最

新的行业消息，便答应前往。但事实上，我平时是一个不喜欢参与聚会的人，尤其讨厌各种聚会开始之前那些冗长的发言。在我看来，那简直像王婆婆的裹脚布，又臭又长！

到了开会的那天，不出所料，主办人先走上台，发表了一通冗长又煽情的贺词，对各位到会者表示了欢迎，不知不觉十五分钟过去了。我有些无聊，再看看旁边的友人，也似乎有些昏昏欲睡。又过了十几分钟，主办人宣布道："现在，请我们著名的企业家孙先生为本次大会致开幕词！"

在众人的掌声中，孙先生快步走上演讲台，就在我以为又是一顿篇篇大论时，只听到孙先生快速而清晰地说了一段话："敬业与创新、改革与发展，这是我对这次大会的期望，现在我宣布会议正式开始。"这句话去除了很多套话、官话，简短有力，一语中的，可以说是最佳的开幕词。

与他人沟通，滔滔不绝不是吸引对方的好办法，而将自己的意思浓缩成几句话，这才是能震撼人心的智慧，让听者的内心激起层层涟漪。

说白了，简明扼要的语言是认知能力和思维能力的高超表现，时刻体现出说话者分析问题的快捷与深刻。

高尔基曾说过一句话："如果一个人说起话来长篇大论，这说明他也不甚明了自己想说什么。"对此我深以为然，语言是用来表达思维的，说话习惯一定程度上反映了思维状况。据我观察，沟通时喜欢长篇阔论的人，大多条理不清晰，思绪没有重点，才会来回重复引用一个观点绕来绕去地说。

　　因此，想要做到简明扼要的表达，必须事先整理你的思绪，分析自己为什么要说这番话，观点和重点是什么，尽可能简化，将自己的意思浓缩成几句话，最好用十分钟结束一个话题。正因为有时间限制，你会逼迫自己做出最精炼、最透彻的分析，听的人也能迅速了解核心内容，加快解决事情的进程。

　　二十世纪三十年代，上海各界公祭鲁迅先生，在大会上，有人问著名新闻记者、出版家周韬奋先生如何评价鲁迅，周韬奋说："许多人不战而屈，鲁迅先生战而不屈。"一句话就将鲁迅的精神点拨出来，很显然这是经过一番深刻思考才总结出来的。这句话后来得到了广泛传播，至今令人津津乐道。

　　正可谓，话不在多，达意最灵。

不抢话，真的没人当你是哑巴

　　在公众场所、朋友聚会，乃至单独的闲聊中，我最害怕遇到这样一种人，当你阐述自己的观点时，他们喜欢迫不及待地横上一杠，打断你的谈话或者抢接你的话头，让你不得不中途停下来聆听。于是，说话的兴致，聊天的欲望渐渐消失不见，更甚至会气恼地将对方拉入拒绝交往的黑名单上。

　　当我决定创业的时候，由于准备的资金不足，便发起了合伙人意向征集。一位朋友向我介绍了自己的同事何先生，对方有资金，有人脉，而且有经验，听上去是一个不错的合

45

伙人，于是我们便决定约出来见见面。我们约在一家咖啡厅见面，见到何先生的第一眼觉得还不错，看上去成熟而稳重。

相互打过招呼后，我们三个落座，服务员很礼貌地询问我们喝什么咖啡。我毫不犹豫地选择了蓝山咖啡，何先生好奇地问我原因。我笑着解释道，"蓝山咖啡的咖啡因含量很低，还不到其他咖啡的一半，但是它的味道依然顺滑醇厚……"然而还未等我说完，何先生就抢着说了"一个咖啡哪有这么多的讲究，我觉得所有咖啡都是一样的，不过这里的猫屎咖啡最正宗，你们选这个吧。"

我不喜欢猫屎咖啡，但是碍于面子，也没有拒绝。

后来我们聊到了创业话题，何先生问我当初为什么想到了创业。其实这一想法是经过一番深思熟虑的，既然决定合伙一起做，我也希望对方能了解我的初衷和目的，于是我决定好好谈一谈，"我现在的工作还算稳定，但是我觉得人生还有无数的可能性，而且我选择的创业方向很有前景……"正当我准备分析一下市场前景时，何先生又插话了，"市场前景很好的行业，相对涌现的投资渠道也会较多，竞争会很激烈的，而且现在的区块链还有很多不足之处，你想过吗？"

"对，创业毕竟是有风险的，这些我们之前也做了考虑。"我回答道，"这段时间我们也安排专人做了市场调研，还找了一家靠谱的咨询顾问……"

正当我准备深入阐述时，再一次被何先生打断了："我不是不信任你，只是觉得要慎重。"

　　能不能让我把话说完？当时我的内心有些不悦，但还是耐着性子解释道，"当然慎重是应该的，结合市场对可行的盈利模式做分析，这是必须。根据我们的调查……"

　　"我不想了解这些详情，你告诉我，赢利点能有多少？"何先生再次打断了我。

　　后来我将何先生剔除了意向合伙人名单，虽然他各方面的条件不错，但是见面聊过之后，我觉得他不适合做合伙人。因为他插话抢话的行为让我很不舒服，这是一个没有礼貌，不尊重人的人，就算合伙也肯定不会愉快。

　　可能很多人会觉得，不就是说话插话抢话吗？这有什么关系。

　　那么，不妨将自己代入到以下几个情节中：

　　当你想出一个绝妙的点子，才说了一半，便被人抢话说了剩下的一半；

　　当你与朋友说一件新奇的事儿，才开了个头，就被人抢话说了其他新奇的事儿；

　　当你要说一个笑话或脑筋急转弯时，话还没有说完，就被人插话说出了结果和答案；

　　当你对一个话题阐述自己的观点时，还没有表达完，就被人抢话说他的观点；

　　……

　　在与人沟通时，你充当的是被插话抢话的角色，还是抢话插

话的角色呢？

如果是前者，你肯定能够理解我的意思，明白那种如鲠在喉的感觉。

如果是后者的话你就要注意了，因为一次两次抢插别人的话，别人可以不甚在意，但经常抢话插话，再好的交情也会悄悄流逝。

培根先生曾说过："打断别人、乱插话的人，甚至比发言冗长者更令人生厌。打断别人说话是一种最无礼的行为。"

的确，沟通应该是一件很愉快的事，你一句，我一句，你说完，我再说，才是沟通的正确打开方式。而不管不顾随心所欲抢话插话的行为，不但给人一种锋芒毕露之感，同时本身还是不尊重别人、自私自利的表现。因为他们总是以自我为中心，更多的是关注自己的需求，自己的利益，等等。

要做一个会沟通的人，首先要做的就是待人有礼貌，不要随便打断别人谈话，不能不合时宜地乱抢话题。沟通又不是辩论，为什么非要抢呢？即便是辩论赛，也要等对方发表完看法之后再发言，不是吗？

正是明白了这一点，在沟通过程中，就算我有什么意见，或表示赞同或表示反对，也会下意识克制自己，不打断，不抢话，等对方把话说完，告一段落的时候再发表意见。别人讲话时如果实在需要插话，我也会先征得讲话人同意，"不好意思，我想打断一下""对不起，我能不能插一句"……

沟通是双向的，你让别人说话，别人才会让你说话。你尊重别人，别人也会尊重你。用这样的方式去交谈，才能真正赢得人心。

那么"优秀"，难怪朋友这么少

人外有人，天外有天，就像孔子所言"三人行，必有我师焉"。在沟通中也是一样，我们应该保持谦和的态度，如果态度傲慢，自以为是，卖弄自己，只会让你看起来很装相。

魏东大学毕业后，来到温州一家服装公司工作。因为能说会道，能力不错，没几年就被提升成了小主管，收入还算可观。每次回老家，亲朋友好都会夸他年轻有为。久而久之，魏东也觉得自己非常有本事。

这天，魏东接到高中班长打来的电话，说要举办一场同学聚会。魏东想也不想就答应了。他觉得，自己在高中和大学同学中，混得应该是比较不错的，他想向同学们炫耀一番。

聚会当天，魏东穿着西服，带着价值不菲的手表，开着车一路从温州到老家。聚会上，同学们一见到魏东，一个个羡慕起魏东。

"老同学，你这块手表看着不错。"

"你真有眼光，我三万多买的，法国货，一般人买不到。"

"你身上这套西服也很高档吧？"

"一般般吧，这件还算普普通通的，我家里还有比这更

贵的。"

……

　　魏东的这些话一出口，有些同学们皱起了眉头。

　　魏东俨然将自己当成了聚会"主角"，他并没有意识到自己的炫耀惹来同学们的不满，假意摆摆手说："这些东西比起我在温州买的房子和车子，根本不值得一提。"

　　有人好奇地问："温州的钱有那么好赚吗？"

　　魏东继续夸夸其谈："温州的钱，说好赚也好赚，说不好赚也不好赚，关键看个人能力。"

　　"老同学，现在你是我们同学中混得最好的。"有人感叹地说。

　　魏东听后，得意地说："上学时我就一直比你们成绩好。"

　　结果，魏东发现同学们对自己的态度越来越冷淡，他开始感叹世态炎凉，"这些人太小心眼了，一个个嫉妒我比他们优秀，就孤立我，他们就看不得我混得比他们好……"

　　魏东的抱怨真是让人哭笑不得，他为什么不受欢迎？为什么被人孤立？真的是因为他太优秀了吗？答案想必大家都已经心中有数。换位思考一下，如果你身边有像魏东这样一个人，自视甚高，喜欢炫耀，总觉得自己高人一等，你会喜欢和这样的人沟通吗？恐怕只会嗤之以鼻，敬而远之！

　　从心理上来说，炫耀是人的一种本能，每个人都希望自己优秀的一面能够被别人知悉，从而获得更多的支持与认可。但需要注意的是，你有这样的心思，别人同样也有这样的心思，你希望做万众瞩目的主角，别人同样也想做受人关注的发光体，没有谁会心甘情愿成为烘托你"优秀"的"垫脚石"。

如果你言行之间一味地表现自己，显示出高人一等的优越感，甚至为了抬高自己而不自觉地去贬低别人，那么无异于是在伤害他人的自尊和自信，这样一来，别人对你产生心理上的排斥甚至敌意也就不奇怪了。

如果你是一位画家，你可以用画作来证明自己的绘画本领；

如果你是一位音乐家，你可以用演奏来证明自己的天赋；

如果你是一位能人，你可以用优秀的成果证明你的天才。

本领、天赋、天才等，这些都不是由嘴巴说出来的，而是由实践证明而来。也就是说，只要你确实是优秀的，必然能被所有人看到，你根本无需刻意去展示什么，或者炫耀什么。是金子总能发光的。正如一句话所说："真正自信的人是不会通过傲慢去展现自己的，只有无知的人才会当众粉饰自己。"

想在众人面前表现自己，获得他人的赞美与认可，这无可厚非，但如果你不想沦为孤家寡人，就不要将你的"优秀"挂在嘴边。在我看来，展现优秀的方法有很多，比如认真的态度、公正的处事、与人为善的原则等，由此更显得你有素质、有修养。在此基础上，想走进对方的内心就不再是难事。

　　我认识一位女主持人，虽然她掌握着采访中的主导权，但她的言语从来都是谦和的，声音总是温和的，然后不慌不忙地把自己的观点一一道来。我曾经质疑她的风格太过温

情，缺少硬朗、尖锐的一面，她却不以为然："在语言上压住嘉宾是很容易的事情，但这不是我的风格，嘉宾来做节目就是我的客人，我必须以礼相待。"

的确，这位女主持人说话的时候，那种自然温和的东西，总能让人放松下来，嘉宾会滔滔不绝地讲，很愿意把故事告诉她。对此，我自己也深有感触，我见到她就知道怎么说话了，她的声音具有一种亲和力，而这种亲和力能够影响我，让我立刻找着"知音"的感觉，忍不住与之交流。

说话时不夸大自己，不逞能显摆，不自以为是，不锋芒毕露……虽然表面上看是被对方压过了风头，沟通方向的掌控权却是牢牢掌握在自己手中，最终实现的还是自己的目标，何乐而不为？

第三章
不"听话"，没人和你说话

沟通是种交互式的行为，你言我语，你说我听，只有在二者平衡的局面下，才算得上是好的沟通。正所谓"善说者必善听"，任何一方面的失衡，都会导致一个共同的结局：越聊越尴尬，最后不欢而散。

不听只说，谁见谁躲

在这个浮躁的社会，每个人都认为自己是最重要的，并且迫不及待地展现自己的优势，寄希望因此获得别人的欢迎和青睐。在这种情况下，愿意倾听别人的人就变得越来越少了。在与人沟通的过程中，不少人希望自己掌握话语的主动权，并且渴望别人能够倾听自己的谈话，跟着自己的思路走。

殊不知，人与人之间沟通是否有效，并不仅仅在于是否会说话。更多时候，习惯了滔滔不绝地表达，顾着自己的目的侃侃而谈，却不懂得听别人说，不了解对方是怎么想的，那么就可能说不到点上或是说出错误的话来。如此一来，彼此之间的沟通就会形成障碍，交流无法正常地进行下去。

前段时间的一个聚会上，我偶遇了一位名叫方辉的同行。

方辉为人看起来很热情，和我们这桌打了招呼后，还一块儿坐下喝了几旬酒。在此过程中，方辉兴致勃勃地提了几个我们市里比较出名的人，比如某某局的局长，某某处的干部，某某公司的老板，似乎想看看有没有大家共同都相识的人，此外还讲了几个笑话，把整个饭桌上的气氛都搞得甚是火热，虽然他与饭桌上大部分人都是第一次见面，但整个过

程中都没有出现冷场的时候。

可有趣的是，在这次饭局结束之后，我偶然和其他人提及到方辉，大部分人对方辉的印象都算不得很好，归结起来无外乎就是觉得这人爱出风头，比较浮夸，不太靠谱。

为什么得出这样的结论呢？我曾问过其中一位参加了那次饭局的朋友，朋友"高深莫测"地说："他一直在滔滔不绝地说话，根本不听我们说什么，这种人不就是想显摆显摆自己认识不少牛人么？你看他，一来就喧宾夺主的，这敬酒，那敬酒，还把话头都接了过去，显然此人爱出风头。"

在这次交谈中，方辉为什么不受众人喜欢？原因并不在于他说了什么，或是说错了什么，而是因为他说得太多，而听得太少。他一直只顾着自我表达，不给别人说话的机会，也不愿意倾听别人说话，即便他说得再多，说得再有道理，众人也会产生一种厌烦心理，这样的沟通自然就是无效的。

回想一下，在你认识的人中，或者交谈过的对象里，有没有那种一直喋喋不休说话的人？不管你赞同还是反对，这种人根本不在乎你在说什么，因为他丝毫不会给他人说话的机会。这样的情形，很令人沮丧吧？

这种沟通很容易导致以下情形：一方兴致高昂地说着，滔滔不绝、口水横飞；而另一方其他人内心却早已不耐烦，一直处于神游的状态，完全没有听他在讲什么。

对此，哥伦比亚大学校长尼古拉斯·巴特斯博士说，"只谈论自己的人，所想的也只有自己。这是不可救药的无知者，他没有受过教育，不论他曾上过多好的学校。"

在绝大多数人看来，提升沟通技巧就是要练就一副好的嘴皮子。只要自己口才好，自然就能成功地带起节奏，赢得别人的喜欢，并且达到自身目的。于是，这些人在与人交流时充分发挥自己的好口才，逮住机会就滔滔不绝地说个不停。然而，却发现自己反而越来越被孤立，越来越不受人喜欢。之所以出现这样的情况，就是因为这些人不懂得提升沟通能力的关键是倾听。

所谓的谈话，是两个人或者多个人之间的一种语言交流，自然有来有往。在这个过程中，不能所有人都说，有说的就得有听的。说的能否说好，听的能否听好，都决定着谈话的效果。

于诺是一所普通大学毕业的学生，与那些才华出众的同学相比，她算是比较普通的。虽然如此，她却进入了一家知名外企的上海分公司。这让其他同学都非常羡慕，纷纷追问："那家外企的门槛非常高，没有丰富的工作经验和出色的能力是很难进去的，你是怎么做到的？"一个同学还开玩笑地说："说，你是不是走了什么后门？有什么我们不知道的关系？"

于诺笑着解释说："我怎么会有其他关系，我是通过正规面试进去的。大学毕业的时候，我知道这家公司想要开拓日本市场，招聘一名日语专业的学生。你们知道，我的第二外语是日语，而且还考取了等级证书，可以熟练地进行简单的日常对话。于是，我抱着试试看的态度，向这家公司投递了简历。当时的竞争非常激烈，在复试的过程中，和我一起

面试的是一位日语专业的同学。"

同学们不解地问道："那你是怎么赢了那个更专业的同学？"

"一开始，主考官说了几句中文，让我们进行翻译。然后，他还让我们用日语进行对话，话题可以由我们自行商定。这时，我觉得自己肯定输了，因为这位学生的口语非常流利，洋洋洒洒说了好几分钟，而且几乎没有语法错误。"于诺进一步解释道，"但是意想不到的是，主考官竟然选择了我。"

"到底为什么？"同学们更疑惑了。

于诺继续说道："等我参加了公司的培训之后，也问了当初的主考官，他现在是我的主管。他对我说，在我和那个学生对话的时候，虽然我的话并不多，但是却一直认真地倾听对方说话，而且眼睛始终注视着对方，还不时地点头表示认可。而那个学生，虽然口语非常流利，而且是日语专业的，但是总是想要说更多的话来表现自己，却没有认真倾听别人说话。他说，他的目的不仅是考察我们的口语能力，还是在考察我们的沟通能力和交际能力。所以，他认为我比较适合那个岗位。"

尽管在这次面试中，于诺在表达上处于劣势，但是，她善于倾听的习惯却让她反败为胜，获得了很好的工作机会。

无论什么场合，无论面对什么人，不要只顾抒发自己的高谈阔论，炫耀自己的专业知识，而要懂得倾听别人的重要性。

好好回想一下，当有人想表达自己时，你给过对方这样的机会吗？理想的人际关系，建立在相互交流思想的基础之上。在与人沟通时，想要实现高效、顺畅的沟通，我们不仅要发挥自己的口才优势，更要懂得倾听别人的重要性。我们在表达自己的时候，也应该为对方留有发声的余地。

愿意听话的人，谁会不喜欢

沟通，是两人或多人之间的一种语言交流。在这个过程中，每个人都是有表现欲的，想用精彩的语言表达自己。而在沟通中，"说"的人显然就是谈话的主角，拥有更多的表现机会。那你有没有想过，与你谈话的人也同样有这种渴望。一个滔滔不绝的演讲者，远不如一个安静的倾听者更受欢迎。

所以，想要缔造一场愉快而融洽的沟通，先从学会倾听开始！如果你不愿意倾听别人，甚至表现出来是敷衍和拒绝，那么对方自然也就不会再与你继续交谈了。

从大学时期，孙磊就开始追求苏依，无奈"落花有意，流水无情"。毕业之后，不肯死心的孙磊放弃家里安排的"铁饭碗"，跟随苏依的脚步来到北京，他每天定时给苏依发送天气预报和笑话，想方设法哄她开心；苏依说饿了，孙磊会跑八条街买她最爱吃的提拉米苏；苏依想要iphone7，孙磊吃了一个月的泡面省钱买给她……"功夫不负有心"，

三年后苏依终于接受了孙磊。

大家都以为，孙磊和苏依应该能顺顺当当地步入婚姻殿堂，谁知两人相处了两个月就黄了，而且还是孙磊主动提出的。"你追求了苏依那么久，怎么居然主动提了分手？是不是一追到手就开始变心了？"得知消息后，大家都对孙磊的做法难以理解，接下来孙磊向众人讲述了期间的故事。

这天是苏依二十六岁生日，下班后孙磊拿着刚买的钻戒，开着汽车去找苏依。他准备做一件重要的事情——求婚。那天刚下过一场雪，道路湿滑，前面的一辆汽车突然打滑，孙磊一个激灵，赶紧拧转方向盘，汽车却冲向了路旁的绿化带。好在有惊无险只是腿部划伤了，劫后余生的孙磊却感慨万千。

见到苏依时，孙磊激动得眼泪都出来了，他有一肚子的话要跟苏依说，劫后余生的狂喜，让他迫不及待地要向苏依表明心意。可是忙着跟朋友一起庆祝的苏依却心不在焉，她见孙磊此刻安全地站在眼前，没有把孙磊口中的车祸当回事，甚至埋怨孙磊絮絮叨叨一个劲地说这些事情扫了大家聚会的兴致。

孙磊很快就感受到了自说自话的尴尬，没人愿意分享他死里逃生的喜悦，甚至是苏依。他既失落又愤怒："难道一切都是自己一厢情愿的错觉吗？难道我的生命和你的生日聚会比根本不值一提吗？"孙磊越想越失望，收起那枚求婚钻戒，转身离开了……

有人质疑孙磊的做法，觉得倾听有那么重要吗？但我深知，孙磊的选择非常睿智。你永远不知道在你看不见的地方，对方究竟经历了什么，感受了什么。用一颗体谅的心去倾听，耐心倾听对方心里的声音，才是一种真正的尊重和在乎。

我可以肯定地说，假如孙磊在苏依面前得到的是充满关切和耐心的倾听，而不是敷衍和不耐烦的拒绝，那么他们两人的情感发展一定会是截然不同的走向。

伊萨克·马克森可能是世界上第一等的名人访问者，他说："许多人不能给人留下很好的印象是因为不注意听别人讲话。他们太关心自己要讲的下一句话，以至于不愿意打开耳朵……一些大人物告诉我，他们喜欢善听者胜于善说者，但是善听的能力似乎比其他任何物质还要少见。"

教育家卡耐基也曾说过："做一个听众往往比做一个演讲者更重要。专心听他人讲话，是我们给予他的最大尊重、呵护和赞美。"

没错，每个人都需要一个倾听者，都渴望别人能够倾听自己的话。在与别人沟通的过程中，我们越是善于倾听，沟通的效果就越好，人际关系就越理想。因为这样耐心地倾听对方的行为，就等于告诉对方："我尊重你""你是值得我倾听的人"……如此一来，双方的沟通怎能不高效顺畅呢？

每个人的朋友圈都有一些人缘关系极好的人，这些人划分成两个极端，一个是能说会道，一个是不善言辞。不善言辞的人为什么通常人缘更好呢？就在于他们善于倾听。

张瑞是一家企业的研发经理，他是所在朋友圈中最受欢迎的男人，无论他走到哪里都很受喜欢，经常有朋友请他参加聚会、共进午餐。当他在生活和事业上遇到困难时，也总有许多人愿意给予他帮助，这令周围的很多人不能理解。其实，这倒不是因为张瑞的能力更强，或者财富更多，而是他善于倾听。

前段时间张瑞参加了一个新产品的研讨会，产品开发者希望寻找一个合适的合作伙伴。张瑞感觉他的观点非常有新意，而且技术具有发展性，于是找到对方："我刚刚听您在讲关于新产品的开发，我对此非常感兴趣。不过有一个问题不太明白，为什么产品是用塑料制成的，而不是用金属制成的？"

开发者开始滔滔不绝地讲了起来："现在大部分产品都是金属做的。这就是我们产品的独特之处，它要比金属产品的效果更理想……"他说得非常起劲，脸上还洋溢着骄傲、兴奋的神情。而张瑞则静静地倾听着，时不时提出自己的问题，而在对方阐述问题的时候，他还时不时地点头、微笑。

最后两人达成了合作协议，由张瑞的公司代理制作和销售这一独特的新产品，而他的公司也因为这个产品获得了巨大的利润。

事后，当张瑞问开发者为什么会选择自己做合作伙伴时，年轻人笑着说："在那次研讨会上，有很多大企业想要和我合作，但是当我阐述自己的想法时，只有你在一直认真地倾听。这让我感觉自己受到了尊重。而其他人则一直想要压制着我, 想要主导谈话的过程, 以至于我没有办法更好地阐述自己的想法。"

"或许他们觉得自己的公司实力雄厚, 而我的公司不过是一家不起眼的公司吧! 这给了我一种很不受尊重的感觉! 在谈话的时候, 我尚且没有主动权, 那么在合作的时候又怎么能奢望掌握主动权呢? 所以, 我选择了善于倾听, 善于做配角的你, 我相信我们的合作一定顺利, 果然。"开发者笑着解释。

看到了吗? 这就是深受欢迎的秘诀。有一句话说: "如果你要想使别人对你感兴趣, 那么首先就要对别人感兴趣。"人们总是更关注自己的问题和兴趣, 喜欢别人倾听自己。这一点不难理解, 当有人愿意听你谈论自己时, 你是不是也会产生一种被关注、被重视的感觉, 对对方产生好感?!

所以, 不管到什么时候, 处于什么样的场合, 我们都应该做一个耐心的倾听者。当你愿意牺牲时间、拿出足够的耐心去倾听, 倾听对方压抑的深情, 生活中的喜悦, 工作上的困顿。相信, 对方一定会心存感激, 给予你更多的信任和依赖。你也会感觉到两人的距离拉近了, 有种心贴心的温暖。

把耳朵用好, 才能把沟通做好

"人有两只耳朵, 两只眼睛, 为什么只有一张嘴?"

第一次看到这个问题时，是多年前。当时少不更事的我不知道该如何回答，后来我终于找到了答案——上帝给了我们每个人两只耳朵一张嘴，就是在告诉我们，要学会少说多听。

在沟通过程中，一说一听，是相互意见的交换。说是阐述，是内心观点向外界的释放；听是收集，是综合他人思想的渠道。听的质量影响我们过滤和筛选信息的效果，直接决定沟通效果的好坏。试想，如果你不能认真倾听对方，怎么可能了解对方的想法，又怎能走进对方的内心世界？

我们常说"酒逢知己千杯少，话不投机半句多"，想要和一个人愉快地交谈，投不投机是关键。而投不投机，主要取决于你会不会倾听。倾听的目的就是了解对方，然后运用自己的知识、经验等进行识别，做出自己的正确判断，再寻找合适的机会发表自己的看法，以便实现双方的思维同步。

也就是说，一个人只有懂得倾听别人说话，才能明白对方喜好什么，对什么话题有兴趣，一旦抓住了这些内容，接下来的话怎能不投机？

大家不妨回想一下周围那些让你有好感的人，然后把你和他们相处的日常都迅速回忆一下，找找看这些人的共同点——你发现了吗？他们未必全都能言善辩，但总是能三言两语说出令你爱听的话，引发你交谈的兴致。

校友罗峰非常有才华，还没大学毕业时，就受到好几家企业的邀请。不过，他选择创业开了一家甜点店。事实证明，有才华的人做什么都能做得有声有色。罗峰将甜点店经营得非常好，不仅开了几家分店，还与一些饭店进行合作，让自己的点心出现在各个饭店的菜单上，成功拓宽了销售渠道。

期间有位非常固执的经理，经营着当地一家比较知名的饭店，是罗峰重要的目标客户。一连半年，罗峰每隔一段时间就会打电话游说经理，甚至参加该经理的社会聚会，以便做成这笔生意，但都失败了。后来无意中，罗峰听到这位经理说起自己登山的经历，又通过和旁人求证，得知这是一位登山爱好者。

再次见到饭店经理时，罗峰没有急着推销自己的甜点，而是笑着打招呼，然后询问经理一些登山的技巧，登过哪些高山。饭店经理听到这样的话题，也不吝啬赐教，更将自己登过的高山如数家珍地说了出来。他们谈了半个小时，饭店经理语调充满热忱，最终主动提出让罗峰带上合同详谈合作的事。

不难看出，罗峰之所以能够谈成这笔生意，正是因为他通过倾听饭店经理的话语，用心找出了对方的兴趣所在，然后投其所好，多谈对方感兴趣的事情。

投其所好是一个老生常谈的问题，这就好比送人礼物要送对方喜欢的东西；去KTV点歌要点对方擅长唱的歌；请人吃饭要点对方喜欢吃的菜。同样的，沟通中也要多提对方喜欢的事，从对方的兴趣、爱好作为切入点，打开与对方真诚交流的那扇门。而这一点，往往需要的就是多倾听对方。

那么，如何成为一名善于倾听的人呢？这也是非常关键的，不然只知道倾听重要而不知道如何倾听，就如同纸上谈兵，无法应用到实践中，讨论也就毫无意义了。

为此，我总结了一些成为一名好听众的方法与技巧：

首先，表现出积极认真的倾听态度。脸部要面对对方，目光要认真、适时地看着对方，保持目光的亲密接触；听对方说话时，要神情专注，全神贯注，聚精会神，不要目光闪烁、四下环顾。将全部心思放在对方所讲的事情上，这可以让对方感受到你在积极认真地听他说，才能得到最好的倾听效果。

美国西南航空公司非常重视员工的沟通能力，而且尤其重视沟通中的倾听能力。为此，他们设计了一套与众不同的员工聘用机制。不同于其他公司的单独面试，该公司面试是一组一组的。一个面试者坐在前面接受提问，其他面试者排成一排坐在后面等候，然后陆续到前面接受提问。不明就里的人会认为前面被提问者正在接受面试，其实该公司会另派出一部分考官在暗中观察坐在后排等候的人，他们要看这些人在关注什么，是认真地倾听，还是漫无目的地四下张望……

其次，不要做与倾听不相干的动作。很多人在倾听别人说话时，表情表现得很专注，但身体却表现得不专注，经常做与谈话内容无关的动作，如常见的搓手、卷衣角、折小纸片等。这些动作既是走神的表现，也是不礼貌的行为。当对方看到这些动作后，会不由自主地心生反感，继而影响彼此之间的聊效。

再次，适时地互动非常有必要。当一名听众，并不仅仅是从头至尾去听，如果期间一言不发，即使神情再专注，眼神再认真，对方也会认为你心不在焉，会认为你早已经元神出窍。所以，不妨适时地做出一些回应，说一些简单的如"是的""没错""嗯"等短句或语气词，让对方知道你在认真听。遇到不明白的地方，可以及时问清楚，你会更清楚地了解对方讲话的内容，回答也更能切中要害。

最后，用结语来给倾听画龙点睛。与人沟通时，认真地聆听会在他人心中留下一个印象，但是这个印象并不深刻。倘若能在对方的话题说完后，根据对方的话语，揣摩对方的心理，做出一个谨慎而深刻的结语。当你能和对方在某些方面产生共鸣，你的形象一定会在对方心中上升好几个高度。

需要注意的是，简单地点评几句就可以了，而且不要与对方的结论有太多分歧。即便分歧严重不得不指出来，语言上也要尽可能委婉一些，给下次沟通留下回旋的余地。

结论下得越早，结局就会越惨

许多人最容易犯一个错误，到现在我也偶尔会犯——在与人沟通的过程中，自以为很了解对方，自以为知道对方的想法和动机，自以为一切都会按照自己从前的经验发生，自作聪明地急着帮着对方下结论，对沟通的主题快速做出判断和评价，结果聪明反被聪明误，搬起石头砸自己的脚。

实习期间，我曾在一家汽车4S店做推销，这天一位亲戚

来店里找我说自己最近打算买一辆新车。我自诩对这位亲戚非常了解，因此甚至没有询问他的任何需求，就根据自己对对方消费能力的判断，推荐了一款十万左右的车型。经过一番选择之后，亲戚订购了一款大众POLO，并约定一星期后提车。

一星期后，这位亲戚如约前来提车，正巧看到店里新摆出来的一辆宝马越野车，惊讶地问我："你们店里原来也卖这款车？"

我点点头，回答道："是啊，您有兴趣看看吗？"

亲戚摇摇头，有些惋惜地说道："这辆车我上星期就已经买了，就是在你们店里订POLO的那天。那辆POLO是买给我女儿开的，我自己一直打算换辆SUV，那时候也不知道你们店里有卖，就去了对面那家店订上了。早知道你这里有，我就不用跑那边了，毕竟咱们是亲戚，对你我比较放心……"

听到这话，我真恨不得抽自己几个耳刮子。原来这位亲戚业余时间一直在炒股，以前都是小打小闹，没有声张，前段时间却大赚了一笔。这件事情令我感慨，在倾听别人的时候，一定要懂得约束自己的言行，发言要讲究责任，不要对自己看到或听到的事情轻易做出结论，以免导致有失偏颇。

当你以为"了解"一切的时候，或许其实正在远离真相。

大家或许都从自己的父母口中听到过这样的话："你一撅屁股，我就知道你想干什么……"父母之所以会说出这样的话，主要是基于对子女的了解，毕竟对于每个人而言，与自己关系最亲密，相伴最长久的人正是自己的父母。但即便如此，父母对我们的了解和"预测"也总会有出错的时候。

何况，人性是非常复杂的，哪怕你与一个人朝夕相对数十年，也不意味着你就能完全看透这个人，因为人性会受环境、教育等影响一直发展变化。倘若你没弄明白原因就主观臆断，不问青红皂白就下结论，这样的自以为是，势必不能顺畅交流，容易造成误会，产生隔阂，伤害感情，影响关系。

马克·吐温说："让我们陷入困境的，并不是无知，而是真相并不像我们以为的那样。"对此，我深以为然。沟通是一种双向的互动关系，在这个过程中，不轻易判断，不妄下结论，不凭主观想象，让事实说话，让人把话说清，把话说完，多听听，多想想，再谈你的看法，这样才能实现畅通交谈。

唐敏是我的小学老师，是一位德高望重的老师，她让我的童年不但多姿多彩，而且温暖灿烂。在我的思想尚不成熟的时候，我认为我对她的喜爱源自于她的温柔和耐心。在我思想逐渐成熟后，我意识到，我对她的喜欢是源于她善于倾听我们每一位学生的心声，而且给予了我们充分的尊重。

虽然已经过去了很多年，但我仍然清晰地记得迈入小学的第一天。那一天，唐老师召开了一次家长会，并询问每一位同学的梦想是什么。

同学们的答案五花八门，有的说长大后想当一名医生，有的说想当一名科学家，还有同学说想当大明星。而我的答

案是想当一名飞机驾驶员，想要把飞机开到广阔的天空中去。或许是老师觉得我的答案很特别，就问了我一个问题，"如果有一天，你的飞机因为燃料用尽而在半空熄火了，你怎么办？"

当时我的回答是："我会让乘客绑好安全带，然后我背着我的降落伞跳出去。"

相信，任何一个成年人听到我的回答后，一定会认为我是一位很自私的人，会质疑我父母对我的教养。但是我的老师却没有那么认为，她当时继续问我："你能告诉大家，你为什么要这么做吗？"

我认真地回答："我要去拿燃料，然后再回到飞机上。"

我的答案无疑是峰回路转，让家长们为自己笃定的想法而羞愧。事实上，很多时候我们听到的答案都不是最终的答案，而这些最终的答案往往都是淹没在我们不去倾听之下。

虽然，这件事情已经过去了很久，我也没有成为飞行员，但我时常会想到那一幕的场景，也会反问自己，如果当时我的身份是一名家长，我会给孩子说话的机会吗？我会认真聆听孩子的想法吗？恐怕不尽然。但是唐老师不仅给予我说的机会，还认真倾听我的想法，而没有早早下论断。

结论，往往是沟通的终结点——当你对某件事情下了结论之后，别人也就失去了再与你探讨或沟通的欲望。

明白了这点之后，在倾听别人的过程中，我会提醒自己多用心去倾听别人怎么说, 不要轻易打断对方, 不要急于下结论。尤其是在主持会议时, 我总是让人把话说清, 把话说完, 再谈自己的看法, 这让我能更全面地了解大家的想法, 然后有针对性地采取相应措施, 避免言行上的盲目性。

切记, 沟通中要给对方想要的, 而不是给自己想给的!

听出"内情", 抓住关键, 带着节奏走

倾听别人简单吗? 懂得倾听的人会觉得很简单, 而不懂得倾听的人就会感觉很苦恼。其实, 倾听最关键的是, 你知道对方在想些什么吗? 你能明白对方说这句话的真实意思吗? 你掌握了对方传递给你的"内情"了吗?

有人会不理解, 怎么感觉像是侦探在破案, 还要掌握"内情"。其实, 你和他人沟通的过程, 你倾听别人的过程, 就是对对方内心的侦破过程, 只有明白对方的真实意思, 你才能在沟通中占据主动。尤其是在人与人之间的交往中, 很多时候话语中或多或少地都会隐藏着一些"话外之音"。

如果我们不能学会倾听, 那么就无法从对方的言语中得到更多的信息, 明白对方的意图了。结果, 只能导致沟通的失败。

一天, 我来到一家商店, 想要买一把剃须刀。

店员非常热情地说: "你想要高档一些的品牌, 还是普通的品牌? 我们这里有很多款式, 我可以为你推荐一下。"

我回答："当然是高档一些。现在谁还想要不好的东西？"随即我拿起一款剃须刀，问道"这是什么品牌？是最好的吗？"

店员回答说："是的，这是一个老品牌，质量和品质非常不错。"

"那这款剃须刀多少钱？"我问。

店员微笑着回答："现在我们正在搞活动，原价是680元，现在是460元，非常合算。"

我惊讶地说："什么？这也太贵了。

我之前使用的剃须刀大多在三百元以下，所以听到这个价格有些吃惊，但又不好意思还价，踌躇着说："这个品牌倒是不错的，质量应该靠得住，只是这个价格"……

店员立即回应道："一分钱一分货，贵自然有贵的道理……"

店员还想劝说，可是我并没有表现多大的情绪，还说想要再到别家去看看。

这时另一个店员过来，问道："先生，您想买什么样的剃须刀？不如我给您介绍一款？"

我问道："你想要介绍什么样的？"

这个店员拿出另一款剃须刀，说："这是某品牌新出的剃须刀，款式新颖，而且刀头有独特的设计，可以避免伤到脸颊。很多人都喜欢这一款，你要不要试试？"

我问："这个多少钱？"

"235元，而且这是这种品牌中最高档的，质量非常好，性价比也非常高。"

　　我看了看，觉得质量还不错，随即付款。

　　为什么我刚开始没有买下那个剃须刀，却买下了第二个店员推荐的产品？就是因为第一个店员并没有听懂我话里的意思。

　　每个人买东西都想买最好的、买高档的，可是有些人的经济条件又决定了他们不能或是不舍得买太贵的东西。这时我们会权衡一下货物的质量和价格，尽量买价格适合又质量不错的东西。从我的话里，明显可以知道，我嫌第一个店员推荐的剃须刀太贵了，想换一个价格适中的。可是店员却一味地推荐价格高的产品，所以我才选择了离开。而另一个店员则弄明白了我的真实意图，给我推荐了一款性价比很好、质量也非常不错的产品，结果自然是推销成功。

　　正所谓"闻其言便可知其人"，很多时候，由于种种原因人们可能会委婉地表达自己的想法，或是所说的话可能并非全是真话。如果我们不能听其言、辨其意，那么沟通就无法顺利进行下去。严重的，还会导致我们因为误会了对方的意思，而激发对方不满、愤怒等情绪，从而导致沟通失败。

　　所以我经常说的一句话是："倾听是有诀窍的，最重要的是要弄清楚对方在说什么？"

　　那如何听出对方话里有话？听出隐藏的真正意图呢？这就需要我们在倾听别人说话时要多思多想，细心地观察对方的言行，注意对方如何表达问题，还要注意对方在叙述时的犹豫停顿、语调变化，以及伴随言语出现的各种表情、姿势、动作等，从而对

言语做出更完整、更准确的判断和理解。

　　虹叶是一位优秀的职场女强人，年过35岁，事业有成，人长得也很漂亮，但因为平时工作繁忙，没有时间谈恋爱，至今单身。身边的亲朋好友都知道虹叶的情况，偶尔也会给她介绍合适的人选，希望她能尽快找到男朋友，有一个好的归宿，但由于虹叶事业有成，年薪高，所以很难找到看得上眼的人。

　　公司一位年长的女性领导，对虹叶很是器重，并且把她当成自己的闺女一样，时常请她一起到家里吃饭。这天，领导打电话邀请虹叶到家里吃饭，谁知到了，发现客厅中除了领导，还坐着一个和自己年龄差不多的男士。领导笑眯眯地给虹叶介绍，"这是我侄子，比你大一岁，和你一样，光顾着忙事业，耽误了婚姻大事。"

　　虽然领导没有明说，但是通过这句话虹叶心里就明白了，原来领导是想做红娘，想要给自己介绍对象！本来，虹叶并不排斥这样的事情，可这位男士一直上下打量着自己，好像审视一件商品一样，而且是一种居高临下的感觉，这让虹叶感觉不舒服，所以在心里当时就把他pass掉了。

　　结果第二天，领导问虹叶："你觉得我侄子怎么样？要不要处一处？他对你可比较满意，而且他的条件也非常不错，你可不要错失了大好机会！"

　　虹叶一听头都大了，想要直接拒绝，可又害怕伤了领导的好心和面子，于是笑着说："我昨天一看就知道这人不错，但是您也知道，我这个人事业心比较强，喜欢工作，而他喜欢顾家的女人，希望今后的夫人能多照顾家庭。再说了，您这么信任我，我得好好表现，不能辜负了您的栽培！"

领导自然是个聪明人，听虹叶这么说，于是作罢！

大家看出来了吗？领导和虹叶都是非常聪明的人，一个说话时话中有话，一个能准确地听出"弦外音"，所以即便虹叶拒绝了领导的好意，领导也没有任何不满，毕竟对方照顾了自己的面子。

明明能用一句话说明白的事，为什么偏偏要拐弯抹角地去说？有些更是"山路十八弯"的绕圈？可能有人会认为，话里藏话的人其实就是表里不一。但有些话，明说会带来不必要的麻烦，而暗示能避免这种不必要的麻烦，又有何不可？越是深层次的对话，越要以听懂"内情"为宜。

当你能听懂别人说出的话，更能听懂对方没说出的话，你才算是真正"听话"的高手。

怎样让"不愿说话的人"开口

平时，你最害怕跟什么样的人沟通呢？

恐怕不少人的答案会是"闷葫芦"一样的人。什么是"闷葫芦"？这类人不太会说话，也不愿意说话，总是需要你不断地找

话题，否则只能尴尬地两眼对望，空气一直冰冷下去。当你和对方聊天的时候，常常是你抓耳挠腮地说一大堆，对方却可能简单地回答三言两语，有时甚至一言不发。

遇到这种人，想必许多人会抓狂。不过，与不同性格的人沟通，要采取不同的方法。根据我的经验是，对待这种"闷葫芦"，其实我们更需要耐心地去倾听。

许多人可能对此心存质疑，为什么要拿自己的"热脸"去贴人家的"冷屁股"？

在这里我想提醒大家，有份调查显示世界上百分之七十以上的成功者都不善言谈，这是因为不善言谈的人对内心世界更感兴趣，十分了解自己，遵从内心的想法，能够冷静地观察与思考，内心坚定而强大，善于体察他人的心事等。足见，不善言谈不是缺陷，是同样值得欣赏与倾听的。

有些人明明有自己的想法和主意，为什么不愿意和别人交流呢？大多数时候是因为他们缺乏自信，不知道该如何精准地表达自己内心的想法和情绪，一张嘴就会紧张不已。此时，如果我们因缺乏耐性而贸然打断对方，甚至表现出不耐烦的情绪，那么大概永远无法和他们建立良好的沟通。

刘凯和邓迪在一次相亲会上相识，两个人几乎一见钟情，只是邓迪属于性格内向、寡言少语的类型，两个人在一起的时候，刘凯总是没有办法侃侃而谈，说什么都不太自然，经常陷入一种相对无言的尴尬。

比如，两个人一起看电影《疯狂的外星人》，这部电影很搞笑。散场之后，刘凯问邓迪电影怎么样？有什么让她印象深刻的地方？结果她欲言又止，半天也说不出所以然来。刘凯都替她感到着急，便催着她赶紧说，结果邓迪一看，索性就闭口不说了，回家路上也几乎没有和刘凯说话！

尽管对方是自己理想型的女友，但是刘凯有些犹豫，不知道这段感情该不该继续下去。"我是真心喜欢她，但只要在一起开始说话，我就不知道该怎么办了。她话实在太少了，要是以后每次交流都这么费劲，那日子可怎么过？有时我也会想，可能自己和她性格不合，但又舍不得放弃这份感情。"

后来一位朋友给刘凯提出了几条建议，"这个女孩只是性格内向，你要有足够的耐心才行。比如，试着理解对方，懂对方的特别，和对方产生共情；关注对方的感受，少说多听，主动把话语权交给对方；用提问的方式引导对方继续话题。如此，你们一定能拥有一场愉快而有效的谈话。"

听了这些建议之后，刘凯开始改变和邓迪说话时的策略。以前和邓迪聊天的时候，如果她半天不答话，刘凯都会着急地催促她。现在再遇到类似的情况，刘凯不着急了，而是鼓励对方："这个问题你怎么想的？我们就是讨论一下，你可以大胆地说出来，我特别想听听你的想法。"

以前凡是邓迪沉默的时候，为了打破尴尬，刘凯总会急不可耐地转移话题。而现在，每当出现这样的沉默，刘凯会闭紧自己的嘴巴，耐心地给邓迪思考的时间，等待她将下面的话说出来。而且，他会适当地以提问的方式引导邓迪，"如果让你选择的话，科幻片和喜剧片，你更喜欢哪种电影？"

久而久之，邓迪虽然还是那个不善言辞的女孩，但邓

凯却惊讶地发现，虽然自己的女朋友实在口才不佳，不善言辞，但却很有见地，有些想法新鲜又大胆。到了现在，她竟然在自己面前变成了小话痨，"虽然她在外面可能还是不善言辞，但是我喜欢她在我面前展现出来的不一样的状态！"

法国著名雕塑家罗丹有句至理名言，"这个世界并不缺少美，只是缺少发现美的眼睛。"

内向的"闷葫芦"也是一样，需要我们运用"欣赏的眼光"来对待，耐心地给予对方一些时间，给对方一个慢慢说的机会，你一定能够挖掘到他们身上所拥有的闪光点。

对于不善言辞的"闷葫芦"来说，多多提问也是一个不错的沟通技巧。基于在谈话中发现的一个有趣的点，向对方提出一个好问题，"关于这个问题，你是怎么看的？""你有什么好的建议吗？"……这有助于被问者乐于思考、积极回应，能够最大限度地激发出谈话过程中的互动和双向交流。

"闷葫芦"的嘴巴是最难开的，当你搞定了他们，也就能搞定一切人。

第四章
寒暄就是扯闲篇？

每个人都有属于自己的优点，但是怀才不遇的情况却时有发生，这究竟是为什么呢？最根本的原因就是沟通方式不对。说话如同敲门砖一样，一开口就能让别人想听下去，才能不轻易被淘汰出局。

寒暄——你就是离不开它

与人谈话，你是直接进入主题，还是先聊一些别的话题，活跃一下气氛？显然，直奔主题并不是很好的选择，因为彼此的心理隔阂还存在着，彼此都不能做到畅所欲言，都会觉得有些不自在。这样一来，谈话的气氛难免变得尴尬，即便双方有心交流，也只能流于表面，很难深入进行下去。

在进入主题之前，双方最好能够寒暄一番，谈一些其他话题，结果往往就大不一样。

顾名思义，寒暄就是嘘寒问暖。跟一个熟人见面了，大家打打招呼，问问"你最近好不好？""吃饭了吗？"；跟一个陌生人见面，大家想要进一步结识，也可以先从"这风真大，今天真冷"……从这种不会让人心生防备和不快的语句开始，可以打破人际关系中的僵局，缩短人际距离。

我有一个朋友，名叫常乐。人如其名，是一个乐天派，每天都笑嘻嘻的。大家都爱和他相处，因为和他相处时非常轻松自在，仿佛一切烦恼都能抛却脑后。前段时间，常乐受伤住院了，我便挑了一个周末，买了一束鲜花，拎了一些水果去看望他。走到病房门口，听见常乐正在打电话。

"你家住那么远，不用特意来医院看我，怪麻烦的。"

"好吧？我说不过你，那你过来吧！不过，你是一个人来，还是带孩子来？如果带孩子来的话，一定要注意安全，带着孩子出门决不能马虎。"

"我发个医院的定位给你，免得你这个路痴找不到路。等你到医院了，我让朋友去接你一下。"常乐笑着说。很显然，是另外一个朋友也要来医院看他。

我走进病房后，常乐已经挂断了电话。

常乐见到我后，立马笑着对我说："你来得也太早了吧？吃过早饭了吗？没吃的话，我这里有，早上家里人送来的，还热乎着。"

"来的路上已经吃过了。"我笑着摆了摆手，顺便把花和水果放在桌上。却不想，常乐的桌子上堆满了花和水果，想来这些天一定有很多人来看常乐。

常乐随手拿起一个水果，用水果刀削了起来，哀怨地对我说："你最近的工作是不是很忙呀？我算了下，咱们有两个多月没有见面了。"

"前段时间是有点忙，不过最近不怎么忙了。我还想着邀请你们来家里做客，哪想到你住院了。"我点了点头，如实说。

"你放心吧，等我好了，肯定去你家大吃一顿，我可是做梦都想着吃伯母烧的菜。"常乐逗趣地说，像是突然想到什么，他又开口："对了，伯父伯母最近身体怎么样呀？特别是伯母，她肩周炎的老毛病有没有好一点"

……

就这样，我和常乐你一言我一语地聊起来，不知不觉，几个小时就过去了。见快中午了，我和常乐说要回去了。常乐没办法送我出门，但嘴里却不停地叮嘱我"慢点走""路上注意安全""到家给他发个短信"等关心的话。

回去的路上，我一直在思考，为什么常乐的人缘那么好？想想他与每个人说的话语，我找到了秘诀所在，那就是常乐特别会寒暄。

"你吃过了吗？""最近好吗？"……这些寒暄虽然听上去有些像"废话"，却是沟通中必不可少的重要环节，因为它能够满足我们的社交需求，能够最直接有效地向沟通对象传递出你的友善。人都是有感情的，当听到别人关心自己，内心会不自觉变得柔软，继而为对方打开一扇窗。

可以说，寒暄是促进人与人之间感情升温的"燃料"。所以，与人沟通的时候，尤其是与陌生人第一次谈话时，千万不要忽视开场的那几句寒暄。寒暄到了位，并且说得漂亮得体，那么你就可以突破陌生关隘，瞬间赢得他人喜欢，和不相识的人迅速熟悉起来，为双方搭建一个良好的沟通桥梁。

那么，如何寒暄才不令人突兀呢？

感情真挚

与人寒暄时，嘴上说"你好吗"，面上却没有关心的表情，这会令对方感受不到丝毫关心。人是情感动物，真情也是相互的，只有你先给对方真情，对方感受到后也会回馈你。所以，寒暄时感情要真挚，真心实意地问候对方，做到话语与表情相一

致，这样才能在他人心中留下好印象。

实事求是

寒暄时要实事求是，内容要具有实质性。"最近工作顺利吗？"和"最近有没有赚个五百万？"对于一个普通人来说，前者的寒暄切合实际，能令人感到被关心，也能迅速地拉近彼此的距离，而后者的寒暄则不现实，会让人有种被调侃的感觉，继而生出厌恶的情绪，拉远彼此的关系。

结合情境

与人寒暄时要结合具体的环境和情况，否则效果会适得其反。如果对方心情愉快且时间充裕，那么寒暄得越充分，越能增进彼此的关系。但一旦对方脸色不好看或是时间紧张时，打过招呼，简单的寒暄过后，要速战速决说出自己的目的，且不能叽叽喳喳说个没完，说得越多越惹人厌。

好好推介自己，才能深入他的记忆

每个人都需要进入社交场合，不管是职场、会议、谈判等等正式的公开场合，还是聚会、闲聊等非正式的私下交往。只要你想要与人谈话，结交更多的朋友，就必须进行自我介绍，甚至某些特定职业的人天天都在做自我介绍。只是，你的自我介绍完毕之后，对方真的能自此记住你吗？

据我观察，很多人完全没有达到这个效果，可能这一次对你还有些印象，但是下一次相见时，你在别人心目中的定位依然是陌生人。因为大部分人在做自我介绍时，都是简单地提及自己的姓名、籍贯和工作等。比如"你好，我叫南陈，来自北京，在一家广告公司做策划，很高兴认识你。"

听到这样的自我介绍，你是什么感受？毫不夸张地说，除非对方的长相很有特色，能让人一眼记住，我才可能记住对方，毕竟这种"台词"平时听得够多了。这令我不禁开始思考，生活中大多数人都长了一张"大众脸"，既然不能靠外貌让人记住，那么如何自我介绍才能让别人过目不忘呢？

有一年，我去参加一场行业聚会。为了让大家更好地沟通交流，主办人专门设置了一个环节，就是让每个参会者进行自我介绍。大家好，我是×××，在××工作，最后以"希望和大家相处愉快""希望大家多多指教"来结尾。当时大多数人都是以这种方式介绍自己的，我也是，并且没有觉得哪里不妥。

晚上，主办方精心准备了晚宴。我端着一杯红酒来到一位同仁面前，笑着问："你好，何东，我可以坐在这儿吗？有些问题想请教一下。"

何东笑着点点头，但表情有些疑惑，"不好意思，你是？"

何东的话令我很尴尬，明明今天都自我介绍过，为什么我能记住他是谁，他却记不住我是谁呢？不得已，我又重新介绍了一下自己。

事后，我回忆了何东的自我介绍。

当时，他是这样自我介绍的："我有两个兄弟，相信你们所有人都听说过，而且它们在国内也很知名，那就是河南、河北。我叫何东，我要是再有位兄弟就好了，直接叫何西。"

不难看出，何东的自我介绍很有特色，让人记忆深刻，能一下子记住他是谁。反观我的自我介绍平淡无奇，自然不能给人留下深刻印象。也是从那一刻起，我清楚地意识到，与初次见面的人聊天时，一定要花样推介自己，令人印象深刻。只有当对方记住你是谁，才有机会发展出一段友谊。

经过大量的探索与实验，我总结出，一段好的自我介绍要遵循以下几点：

进行自我介绍时，一定要实事求是，真实可信，态度要保持自然、友善、亲切、随和，整体看上去要落落大方，笑容可掬，这样才能获得对方的好感。

同时，自我介绍还需要有特色。因为特色可以吸引人，可以令人印象深刻。这里的特色可以是语气上的抑扬顿挫、言语上的幽默等等。

有一次我去苏州旅游，为了省心省力，我报了一个旅游团。抵达苏州时，当地的导游已经等候我们多时。那位女导游长得非常普通，而且身材肉乎乎的，就是让人过目即忘的那款，可是她的自我介绍令我眼前一亮，整个人立马清晰地印在我的脑海里。

　　当时，那位导游拿着喇叭大声说道："大家好，我是大家本次的导游，欢迎光临我们苏州。首先要和大家道歉，因为让你们失望了。你们一定以为南方的姑娘都娇小可爱、秀气水灵，但我可能是投胎途中迷了路，原本该往北方走的，结果来到了南方。不过，我不但个子大，眼睛大，还气量大、志向大……我的名字叫李晴，大家可以叫我大晴，很高兴带领大家一起领略祖国的大好河山。"

　　这位女导游的开朗直率的性格、幽默风趣的话语吸引了众人的注意力，立马让人记住了这个人是谁。所以，哪怕过去好些年，我依然记得那位导游的名字和她那毫无特色的面容，依然记得那一趟旅途，每一位游客都与这位导游相聊甚欢的画面，而且彼此的关系就像多年的好友一样融洽。

　　此外，自我介绍越具体越形象越好。比如，介绍工作的时候，你不必直白地摆出职位，不妨把这份工作具象化，这样既能突出特色，也能彰显智慧。

　　这听上去有些深奥难懂，那么不妨提及我听过的一个精妙的自我介绍。主人公是一位幼儿园老师，她通常会这样告诉别人"我是一个孩子王，我会和孩子们一起奔跑玩乐，耐心地教他们如何吃饭、如何洗手、如何穿脱衣服……我喜欢看到他们开怀大笑的脸庞，我享受和他们在一起的每一天。"

　　这一段话是不是比"我是一名幼儿园老师"，更令人印象深刻？

　　自我介绍时还要控制好时间，最好控制在一分钟之内。说的

话过长，花费的时间过多，会让对方的耐心越来越少。如此，不仅不能给对方留下好印象，还会令沟通氛围变差。

称呼对了，眼神也就对了

在生活中，我们与人交谈时，不可能立马就说话题，首先是要打招呼。怎么打招呼？自然是一句"你好"，再加一个称呼。就好比我们遇到一个陌生人，看其年龄是一位大爷，在与其交谈前必然是"你好，大爷"；看其职务是一名警察，必然是"你好，警察"，然后再说开场白或自我介绍。

称呼是与人交谈的开始，更是礼仪的开始。尤其是对于陌生人来说，称呼礼仪是对一个素质修养的判断之一。称呼运用得妥帖，不但可以为自己赢得不少印象分，而且是尊重对方的体现，可以迅速拉近彼此的距离，有效地展开话题。而称呼不当，会让人觉得你素质低下，自然不愿意搭理。

可见，称呼的恰当与否决定了沟通是否能顺利进行。

可能很多人会认为称呼并没有那么重要，称呼错了也没什么大不了。那么，不妨一起来看看朋友徐烨的一番经历。

徐烨是一名交警，平时主要负责协调和维护交通秩序。有一回，他和往常一样在街上巡逻。路过一个十字路口时，看到一个坐着轮椅的女人，腿上打了一个石膏。女人应该是一个人出门的，因为她身边没有其他人，在人行横道闪到绿灯时，只见她自己滚着轮椅前行，结果动作慢了一些，绿灯马上再有五六秒就要跳到红灯了，她还在人行横道中央。这时，已经有车辆准备行驶了。

"不好！"徐烨赶忙往前跑了几步，推着女人的轮椅过了马路。到了路边后，女人感激地和徐烨道谢。徐烨见对方模样看上去要比自己大一些，于是张口就说："阿姨，不用谢，这是我应该做的。"一听"阿姨"这个称呼，女人的脸色立马黑了。她今年也就三十大几，而眼前这个男人看起来二十多岁，居然叫自己阿姨？于是她冷着脸，气冲冲回了一句："谁是你阿姨？真烦人。"

还有一回，徐烨看到一位男士的电瓶车倒在路边，扶了好久都没有扶起来。他见状，立马跑过去帮忙。车扶起来后，男士感激地和徐烨再三道谢。徐烨想起上次的遭遇，心想决不能再将人喊老了，于是笑着回答"不用客气，大哥，下次一定要多注意安全。"哪想到男士的脸色也黑了下来，上下打量着徐烨，"小伙子，我的年龄和你爸爸应该差不多，你那句大哥还是收回去吧！"

徐烨本就是个忠厚老实的人，他挠了挠头很不解，将人喊老，别人不高兴，将人往小里喊，为什么别人同样不高兴？

在这件事情上我虽然同情徐烨的遭遇，但仍然觉得问题的主要在于他自身，而不是别人。试想一下，一个陌生人与你聊天，明明看上去比你还大几岁，却将你称呼为"阿姨"或"叔叔"，你会是什么心情？当时的心里除了郁闷和尴尬外，想必更多是愤

怒，自然也没有和对方再继续聊的念头。

我一直强调，交际中一定要注意场合和语气，选择合适的角度对特定的对象给以恰当的称呼，然后再去打招呼，以保证自己在与他人的交往中更受欢迎。

那么，如何恰当地称呼他人呢？根据我的经验，总结如下：

面对年纪较大、有身份的人，称呼对方为"XX老"，以表示尊重；如果是普通朋友且年龄稍长，可称呼"姓氏+哥或姐"；如果年龄相当且关系亲密，可直接称呼姓名或外号，这会显得亲密自然；而面对比自己小的人，可称呼对方为"小李""小陈"。如果是陌生朋友，可称呼为"姓+先生"或"姓+小姐"。

对于女性，一定要往年轻里称呼，能喊"阿姨"就绝不喊"奶奶"，能喊"姐姐"就绝不喊"阿姨"。每个女人都希望年轻，哪个年龄段都不例外。当然，看年龄称呼也是有尺度的，尺度过大的话一定会闹笑话，比如一个二十来岁的小伙子将七八十岁的女性称呼为姐姐，这就会让人贻笑大方。

当然，也可根据对方的职业来称呼，这种适合职场和正式场合。比如职称前加姓名，"张教授""苏医生"等等，以此表现尊重。在平常工作中可简化一番，例如"吕师""冯导"。当你拜访某位企业家时，最好提前做好功课，了解对方具体职位，不要将"经理""老板""总裁"等职位混淆。

此外，我们还要根据场合来称呼。在正式的场合中，对人的称呼需要严谨一些，正式一些。而非正式的场合中，称呼可以适当地随意一些。

称呼是一种礼仪，它历尽千年都没有淹没在历史的长河中，可见称呼在人们心中的地位有多高。在沟通一开始，当你运用恰当的称呼先入为主获得了别人的好感，对方自然不会拒绝接下来的谈话，这将为你带来意想不到的好处。

如果关系生疏，必须会沟通

在沟通过程中，我们会发现这样一种现象。有些人费尽了口舌，和人聊上数个小时陌生人依旧是陌生人。有些人仅仅三言两语，就能快速地将陌生人变成熟人。两者的区别，是显而易见的。往往后者比前者拥有更好的人缘，事业上遇到的机会更多，生活中也会相对更顺畅。

你羡慕后者这样的人吗？你渴望成为他们吗？如果你的答案是肯定的，那么你需要了解这些人是如何与人沟通的？答案就是套近乎。

什么是套近乎？其实就是指利用言语来拉拢与陌生人之间的距离。一般来说，求人办事时，会用送礼物来套近乎。而寻常与人交好时，都是用言语来套近乎的。

"你们发现了吗？徐钊最近有些不对劲。你们看，他办公桌上的文件夹与物品整理的干干净净，桌子下的地也拖得闪闪发亮。"

周一早上我一进办公室，就有同事凑过来追问。定眼

一看，这的确不像徐钊平时的风格。徐钊是我的同事，工作能力出色，自理能力却很差，尤其是在个人卫生方面。比如，他办公桌上的文件夹永远横七竖八地摆放着，笔筒里的笔常常是东一支西一支，桌子下的纸篓边总会落下三五个废纸团。

"看来徐钊是洗心革面了。"我笑着感慨道。

哪想到，同事立马反驳，"不是他做的，最近都是保洁员刘阿姨在帮他打扫卫生。"

"不会吧？"我有些质疑，因为我知道刘阿姨这个人，她是一个寡言少语、很有原则的人，对待工作认真负责，像厕所、走廊、楼梯等打扫得一尘不染。但是她只负责清洁公共区的卫生，公司员工的办公区不属于她的打扫范围，所以她从来没有主动打扫过，就连高层的办公室，她也没有帮忙打扫过。有一次，有位同事让刘阿姨帮忙倒一下纸篓里的垃圾，刘阿姨不仅没有帮忙，还直截了当地回了同事一句"都是成年人了，你没有手和脚吗"？打那以后，再也没有人找刘阿姨帮忙了。

刘阿姨怎么会帮徐钊打扫卫生呢？大家都非常好奇，经过一番暗中观察后，我终于发现了"奥秘"，徐钊只要一碰到刘阿姨就会上前说一番话。比如，"刘阿姨，你这件衣服是新买的吗？我妈也有一件。""刘阿姨，你的午餐是自己做的吗？这又麻又辣的香味，让我想起了故乡的招牌菜。"……

　　细细回味一番，徐钊的每一句其实都在与刘阿姨套近乎。既然是套近乎，自然是越套越近乎，这才使得刘阿姨每次打扫卫生时，都会顺便帮徐钊搞一下。

　　俗话说"熟人好办事"，人是讲群体性的，对于同自己关系比较密切的人，会从心理上愿意去交流，去交际，而对于与自己不相关的人，则不会轻易地敞开心扉。所以，如果想和原本关系不密切，甚至陌生人聊天，就要学会套近乎。通过拉近彼此之间的关系，从而激起对方的交流欲望。

　　这一点并非不可能，人与人之间的关系错综复杂，就像是一张纵横交错的网。即便是不相干的两个人，也会有一条或数条线联系着。这条线有的长，有的短，它代表着两人的关系。擅长沟通的人就是沿着这条线攀过去，通过一定的话语，让彼此产生关系，距离更加贴近，走到哪儿都有交情。

　　当然，这并非曲意逢迎，而是通过一定的沟通技巧，让对方感觉到善意和友好。试想，当你见到有人花了这么多心思就是想要跟你建立交集，建立关系的时候，你会是什么感受？往往会觉得对方重视自己。其实，真正让我们感到亲切的，是那一种对方努力跟我们拉近关系的心意。

　　那么，我们该怎么去套近乎呢？

　　对初次见面或不熟悉的人，在交谈时，一定要避免否定对方言行的行为。因为任何人都不喜欢自己的话语被否定，尤其是对不熟悉的人的否定十分抗拒。当对方产生厌恶之情，别说继续套近乎，就是正常的交谈都成奢望。所以不管对方说什么，即使不赞同，我们也不要去否定，这是套近乎的首要标准。

套近乎的话题，可以聊对方感兴趣的话题。只有当对方感兴趣了，才会不知不觉打开话匣子，继而敞开心扉，这个近乎才算真正的近了起来。如果不了解对方的兴趣爱好，可以聊每个年龄段感兴趣的话题。比如，与年纪偏大的人套近乎，可以聊一聊健康保养；和已婚妇女套近乎，可以聊一聊育儿经；和年轻姑娘套近乎，可以聊一聊美妆；和男人套近乎，可以聊一聊体育、运动等。

此外，还可以用亲戚关系、老乡关系、同行关系等来套近乎，彼此认识的人，彼此知道的事，只要两个人有产生交集的地方，就可以拿来聊一聊。就如事例中的徐钊，他套近乎的话题有和妈妈一样的衣服、故乡的招牌菜，这样的话题能引发对方的共鸣，迅速消除彼此间的陌生感，让对方主动打开"话匣子"。

当然，与人套近乎时一定要注意自己的表情。与对方说话时，要露出微笑的表情；夸奖对方时，要露出赞赏的表情；听对方说话时，要露出认真聆听的表情。表情与言语一致，对方才能感受到我们的真诚，这个近乎才能越套越近。否则，让对方觉得你虚情假意、心思不正，如此就得不偿失了。

说"我们"比说"我"，让人感觉更舒服

与人聊天时，你习惯说"我"吗？

"我想，这件事情应该这样处理。"

"在我认为，这个方案……"

"我已经决定了，我要……"

……

相信，这是不少人经常使用的句式。如果你也有这样的沟通习惯，我可以很肯定地说，你的人缘关系肯定不算好，身边的朋友也寥寥无几。因为当你在说出"我"这样的词汇时，就已经明确地向对方透露出一个信息：我是我，你是你。正常人接收到这样的信息后，自然是有多远离多远。

要先改变这一状况，话语里要尽量多说"我们"少说"我"。

多说"我们"，少说"我"，乍一看，就差了一个字，也没什么特别。但仔细想想，还是有很大区别的。"我们"表明说话的人很关注对方，站在双方共有的立场上看问题，把焦点放在对方，而不是时时以自我为中心。在说话时强调"我们"，会让对方产生一种认同感和亲切感，感受到你们彼此是"命运共同体"，即使他不能绝对信任你，也会情不自禁地愿意亲近和接触你。

我的高中时期先后有两位班主任，一位是闫老师，一位是贺老师。两位老师年龄相仿，教学水平旗鼓相当，但贺老师在学生心中的地位一直比闫老师高。

这是什么原因呢？从一次相同主题的班会上就能看出。

青春期是躁动的，闫老师和贺老师为了杜绝同学们早恋的现象，都开展过有关"早恋"主题的班会。当时，闫老师是这么说的："同学们，现在我听说，学校里有早恋的现象，这必须遏制！你们的身份是学生，我认为，首要任务是

好好学习。如果你们现在不努力，等到了我这个年纪，一定会后悔莫及。我奉劝在座的每位，一定要将心中的躁动之火熄灭，否则我将通知你们的家长！"

闫老师的话说得非常真诚，为了学生的未来着想，才说出这一番话。但闫老师说完后，同学们都表现的心不在焉，鲜少有同学将闫老师的话听进心里。同学们的不配合，让闫老师感到很尴尬，脸上一阵红一阵白。

为什么会这样呢？因为闫老师话语中里有很多"你们""我"这样的字眼，这就与同学们划出了界限，无形中拉开了彼此之间的距离，令人产生了抗拒感。所以，闫老师哪怕说得再动听，也无法引起同学们的共鸣。

再反观贺老师，他在班会上是这么说的："同学们，其实我们都一样，谁没经历过青春期的小躁动呢！谁不渴望美好的爱情呢？可是我们也都应该明白，早熟的果子不能吃，它不仅酸，还会让人拉肚子。我们当前最重要的任务是学习，一切与学习不相关的事都要排在后头。以后，还有更多美好等着我们。"

贺老师刚说完，台下立刻爆发出了热烈的掌声。后来，有些学生还把自己的早恋问题通过写信的方式告诉贺老师，希望得到他的帮助。

贺老师所要表达的信息与闫老师一样，但他说的话却令同学们听了进去。这是因为贺老师的话语中一再强调"我们"，这是将自己摆在了与同学们同等的位置。一句句"我们"，使规劝变成了双方面的交流，打开了同学们心灵的大门，从而言语深入人心，轻而易举地赢得了大家的认可。

与人沟通时，多说"我们"少说"我"其实还有很多好处，比如它能令人产生归属感、舒适感和安全感。从某种意义上讲，人际交往就是一个寻找归属感的过程。每个人都害怕孤独和寂寞，希望自己归属于某个或多个群体。而通过"我们"在他人心中建立起归属感，自然能达到融洽关系的目的。

在听演说家演讲时，我们都会情不自禁地接受对方，被对方的激情所感染，最终被说服。这是为什么呢？仔细想想，你会发现，演说家们很少说"我"，而是常用"我们"这个词语。那些社交经验丰富的人们，也正是因为他们一般很少直接说"我怎么着怎么着"，都是说"我们怎么怎么样"。

正如美国前总统林肯曾经说过的一句话："如果你想劝说一个人信从你的立场，首先要让他相信你是他忠实的朋友。"

不过，在说"我们"时需要端正自己的态度，决不能摆出高姿态，应该要平等地对待他人。很多时候，我们说"我们"的目的是想得到对方的认同，而认同的前提就是要让对方觉得大家是处在同一位置的。倘若我们嘴里说"我们"，态度却高高在上，即使言辞多么堂皇，也不能引起对方的好感。

此外，当我们与初次见面或不熟悉的人聊天时，不要一开口就说"我们"，否则很容易让对方生出警惕之心。试想，一位男士对一位初次见面的女士一开口就说"我们"，想必任何女士都会有所防备，还会认为这位男士非常轻浮。任何关系都应该循序渐进，熟悉之后再说"我们"才合适。

既然咱是场面人，怎能不会场面话

　　不管是对陌生人，还是亲朋好友，不管在什么场合，要保持良好的沟通气氛，要让别人对你产生好感，就必须学会说一些场面话。所谓场面话，就是能放到场面上说的话，是应付交际中各种场面的话。

　　很多人将场面话和空话、虚话，搪塞敷衍划上等号，事实上，场面话是一种聪明的沟通艺术，是人际交往中的必备技巧之一。人际交往，说白了就是人情世故四个字而已。在很多场合，人情、面子总是要过得去的，讲场面话表现的是对对方的尊重和礼节，是维护彼此的感情和面子。

　　一位朋友准备创业，和以前的同事告别时，说道："以后可能有需要你们的地方。"

　　这时，有同事这样回答，"如果有需要我的地方，我肯定会尽力而为的。"

　　一个不懂交际的人则说，"到时候再说吧，我也不知道能不能帮忙。"虽然说的是实话，却让人不舒服，还是少说为妙。

　　正因为明白这一点，聪明的人都会适当地说些场面话。

　　明修是我的高中同学，这几年在北京一家大企业担任中层主管，有房有车，混得很不错。同学聚会上，他俨然成为了一个"焦点"，这倒不是因为他事业有成，而是每位同学与他说话，他都会认真听，认真回答，每个同学敬酒，他都会回敬，非常懂得人情世故，说话也让人听了亲切又舒服。

明修会对工作不好的同学说："如果你有需要的话，我可以帮忙介绍工作。"

他会对经济困难的同学说："有什么困难，尽管来找我，我一定尽力效劳。"

他会对也在北京工作的同学说："等回北京后，咱们几个聚一聚，到时候我来请客。"

他还会对一直单身的同学说："你有没有中意的人，需不需要我牵牵线？"

……

明修的话仿佛带着一股魔力，让同学们的心里都暖洋洋的，不禁开始追忆起美好的高中时代，整个聚会的气氛变得温馨而热烈，至今想来，仍然让人心生怀念。其实分析一下明修当时的话语，其中绝大多数都是场面话。尽管我对此心知肚明，知道这些话当不得真，也忍不住对他心生好感。

再后来，明修要结婚了。令我惊讶的是，当年的高中同学，一个不落全都来参加他的婚礼，甚至一些在海外工作的同学都赶了回来。那一刻，我不仅佩服起明修的交际能力，要知道，绝大多数同学都会因为距离远而拒绝参加婚礼。我们的同学能全部到场，足以说明明修的好人缘。

场面话人人会说，可就是有人说得好，让人听着舒坦，有人说得别扭，为什么？因为，场面话也是有技巧而言的。

一个会说场面话的聪明人，通常有善于观察和发现的眼睛。

与人沟通时，他们会通过对方的行为举止和言语，准确定位对方是一个什么样的人，然后再决定要说什么场面话。比如，在饭局上碰到一个富有又慷慨的人，如果你说"我来结账""我请客"这些场面话，就显得有些抢风头。

在讲场面话时，要有真诚的语言和态度，要符合自身能力和事实，最大限度地尊重他人，不能闪烁其词，大打包票，让人一听就觉得在说假话。只有当你的话语是发自内心的时候，对方才能听得心花怒放。

有一次，主持人汪涵受邀上《鲁豫有约》，在谈及感情问题时，鲁豫问汪涵说："你太太是你理想中的那种类型吗？通常来说，大家都会有自己比较喜欢的类型，比如有人喜欢偏瘦的，有人喜欢眼睛大大的，有人喜欢头发长长的……"

鲁豫说到这里的时候，汪涵突然插了一句："短头发的，我也很喜欢，很有气质。"说这话的时候，汪涵很认真地看着鲁豫。

大家都知道，鲁豫就是短发的，汪涵此时插的这一句话，看似很随意，实则高明得很，当时鲁豫笑得非常开心，在和汪涵交流的过程中，心情一直都十分愉悦。

场面话既要说，也要做。比如，帮忙这件事情，力所能及地替对方做些什么，即便只是举手之劳，也能有效拉近彼此的关系。如果只是做场面上的承诺，却无任何实质的行动，那就有"忽悠"的嫌疑了。

第五章
不要恭维，
请真诚赞美！

世上有一种最动听的语言,那便是赞美。这是与人沟通的绝好方式，也是说话高手秘不可传的"杀手锏"。你可以学不会恭维人，但如果还不会赞美人，那就是自掘坟墓了。

在朋友圈，是必须要学会点赞的

著名教育家戴尔·卡耐基曾说："人们除了对生命、食物、健康、睡眠等方面的基本需求外，最深切而又最难以满足的需求就是自重感——即觉得自己很重要的感觉、喜欢自己的感觉。"在与人沟通时，如果我们能满足对方的"自重感"便可以轻松获得他人好感，占据沟通的主导地位。

那么这种自重感如何满足呢？最简单的方法就是"赞美"。

赞美是对他人的一种肯定和奖赏，时下很多年轻人喜欢发微博、发朋友圈，晒自己到哪里旅行，晒自己的美妆、漂亮衣服，晒自己可爱的宝宝……其实，这些都是为了满足自己的自重感，如果有人在他们的微博、朋友圈下面点赞，或是恰到好处地赞美一番，那么他们心里就会获得无比的满足。

一位乡村妇人，二十多年来辛苦地照顾一家人的生活起居。在邻里眼中，她是好女人；在公公眼中，她是好儿媳；在丈夫眼中，她是好妻子；在孩子眼中，她是好母亲。但是，这都是人们心中的想法，却没有一个人夸赞过她。

这天傍晚，忙碌了一天的家人们回到家中，以为能吃到热腾腾、香喷喷的饭菜，谁知道妇人竟然在每个人的碗中放了一堆草。丈夫勃然大怒，问她是不是疯了；公公气得浑身

栗抖；孩子们也很不解，说母亲得了神经病。

妇人愤怒了，大声说："原来你们还知道我的存在，二十多年了，我为一家子人烧火做饭，可你们谁在意过。你们谁告诉过我，这么多年里，你们吃的是饭而不是草！"

这是一个长期得不到赞美的女人所做的反抗，这难道不是很多人的心声吗？你或许就是哪个长时间得不到别人赞美的人，你的心中也同样渴望得到赞美。食物被每个人的胃强烈需要，赞美也被每个人的心强烈需要。人的胃会饥渴，需要进食。人的心也同样会饥渴，需要进食，而赞美就是最好的精神食粮。

几年前，我曾在某杂志上看过一篇文章：

科学家找来两盆同样盛开的花，然后把它们放在不同的地方。每天早晨，科学家对着其中一盆花大加赞美："你开的花真漂亮，又香又美，我们大家都喜欢你。"这盆花盛开了许久之后，又萌发几个大大的花苞，盛开的令人心动。而另一盆花则每天都要感受科学家的"辱骂"："你怎么长得这么歪七扭八，颜色也不好看，花也这么小，一点都不美。"几天之后，这盆花居然被科学家给说"死"了！

就连一盆花都喜欢被人夸，更何况是人呢？

好好想一想，你有多久没有赞美身边的同事、朋友或者家人了？或许当你冷静思考之后，就会发现——自己的人际关系越来越差，就是因为缺乏赞美的沟通意识！

邵奇大学毕业后留在了广州，经过几年的打拼，事业稳定了下来，而且还成了家。为了方便照顾家里独居的父亲，邵奇将父亲接到广州定居。邵父是一个典型的北方人，性格开朗，喜欢交朋友，但由于来到陌生的环境，再加上语言的障碍，一连几个月他也没有找到聊得来的朋友，无聊又寂寞。

邵奇看到父亲整天一个人闷在家里愁眉不展，便劝他多多到公园中去转转。谁知父亲没好气地说道："你以为我没有去逛吗？我每天早上晚上都去，可是人家都有自己的朋友，我怎么能融入别人的圈子呢？我想回老家，虽然老家没有大城市好，但每天和街坊邻居在一起说说笑笑，那才高兴。"

"我知道您在这里住的不习惯，但是我实在不放心您一个人在家。相信我，当您在这里也有了朋友，一起说说笑笑也是一样的。"邵奇劝慰道，"其实想要交到朋友很简单，只要您多观察，适当地赞美别人就可以了。小区的老人都是有文化的人，喜欢下棋、看书之类的活动，您可以从这方面入手！"

听了儿子的话，邵父决定第二天试一试。到了楼下公园，邵父看到几个同龄人正在下棋，便在一旁安静地看着。等到一局结束之后，他称赞胜者："您的棋艺真不错，最开始已经被对方逼近死角，没想到竟然反败为胜。"胜者问邵父也懂棋吗？邵父谦虚地说"只会一点点，没有你们棋艺精湛！"几个人纷纷说："什么精湛不精湛的，我们就是玩玩。以后你有时间，我们可以切磋切磋。"

就这样，邵父经常和这几个人下棋、聊天，而他也时常记着儿子的话，时不时称赞他们。邵父的赞美，让几个老人的心理得到了满足，对他的好感自然就会大大提升，从而拉近彼此之间的关系。很快，邵父就成为了院子里最受欢迎的人。有了这一帮新朋友，邵父再也不觉得孤单寂寞了。

赞美，如同一支兴奋剂一般，能在瞬间让对方对自己产生好感，让彼此相处得轻松舒服。这是与人沟通的绝好方式，也是沟通高手秘不可传的"杀手锏"。

"仅靠一句赞扬，我就能很好地活两个月。"——马克·吐温

赞美的话人人都喜欢听，一句简单的赞美，从我们嘴里说出来，也许并不是算什么。但是对于被赞美者来说，却可以感受到自身的价值和意义，觉得自己是重要的，是受人欢迎的。只要我们能让别人觉得自己是重要的，那么就会很快"俘获"对方的心，可以让你与他人之间的关系变得更和谐。

所以，不管是与朋友相处，还是与陌生人交流，如果你想要增进与对方的关系，成为朋友圈中最受人欢迎的人，人际关系越来越和谐，只要寻找对方值得称赞的地方，然后真诚地给予赞美，满足他们的自重感就可以了。赞美是我们对于别人的尊重和评价，也是送给别人最好的礼物和报酬。

真诚赞美，赢得人心

心理学家威廉·杰罗姆说："人性最深层的需要，是渴望得到别人的欣赏和赞美。"这句话恰如其分地表达了及时的赞美和激励，在沟通中是非常重要的。

为此，不少人会有意识地赞美别人，却又经常发现，赞美却没有达到理想的效果，反而让对方产生厌烦心理，乃至关系出现裂痕。

朱源是一家企业的总经理，在当地是很有能力和名望的人，因此很多人都来求他帮忙解决问题。朱源豪爽又慷慨，只要不违背做人的原则，他都会尽力帮忙。

同乡刘启遇到难办的事情，找到朱源寻求帮助。刘启从进门的那一刻开始，就不断地赞美："朱先生，您真的太了不起了，我们整个镇子，哦不！全市，哪个不知道您的大名和您的好心。我想用不了多久，全省乃至全国民众都会知道您的。您不仅是大人物，还是大善人，这真是太难的了。"

朱源有些尴尬地回答："你这么说可太夸张了，在镇子上都是大家给我情面，不然我什么也做不成。"

"您就别谦虚了。"刘启继续说道，"您就是对政务不感兴趣罢了。要我说，如果您也参加选举，我看要不了几年，市长都该您来当。我相信，您要是当上了市长，以您的能力，肯定比现在这些人做得好。"

看着对方越说越离谱，朱源没有回答。但刘启没有收手的意思，又夸起了朱源养的小狗，他说："您真的太了不起了，养了这么一只独特的狗，与众不同！"

朱源冷冷地说："这就是一只普通的狗，没什么特别的。"

后来，刘启又转而夸赞朱源的房子、车子、孩子，甚至是样貌。直到最后连他自己都不知道该夸什么好了，才停住满嘴跑火车式的夸奖，正式和朱源提出了自己的请求。

朱源很少拒绝别人，但这次却说自己无能为力。

"人家那么夸您，您怎么不回馈？"有人问。

"不是我不帮。"朱源摇着头，叹息道，"我只是感觉这个人太假了。"

在这里，刘启赞美的话为什么不起作用？就在于他错把恭维当做了赞美。尽管人人都喜欢听好话，但能打动人心，引起对方好感的都是那些基于事实、发自内心的赞美。刘启的赞美过分夸张，言过其实，甚至赞美得无根无据，对方只会觉得虚情假意而产生反感，沟通自然宣告无望。

哥尔多尼说过："过分的赞美会变成阿谀。"

虽然恭维也算一种赞美，但赞美是严禁造假的，货不真价不实的商品无人问津，同样虚假的、恭维式、讨好式的赞美都难以让人接受。

这就好像煲汤一样，哪怕材料放的都一样，营养价值都没什么差别，但火候和分寸的掌握却直接决定了汤的味道。火候分寸掌握得当，赞美才能打动人心，让对方意识到你对他发自内心的欣赏；若是不小心过了火，过了分寸，赞美就成了功利性的恭维和谄媚，再好的汤也会让人难以下咽。

试想，如果你夸奖一位三四十岁的女士，"你真年轻，就像20多岁一样"，还说得过去。若要用这句话恭维一位七八十多岁的老太太，就显得有些虚假了，人家不但不会高兴，反而觉得你别有用心；一个人职位普通，工作多年都没有起色，你偏要恭维"您的成功令我敬仰"，人家不反感你才怪。

无论在什么样的场合，无论面对什么样的人，无论出于什么目的，赞美的话都要做到真诚，有一说一，有二说二，确保在合情合理的范畴内。

虚假的赞美他人，往往是因为我们不知道他人的优点在哪里，只好硬着头皮胡乱夸奖。我们为什么找不到他人的优点呢？是因为我们95%的脑细胞都用来考虑个人事情。如果我们能暂时不想自己，而是多想想别人的优点，发现他人身上的优点，那样就不会、也没有必要刻意去说虚假的恭维。

送人玫瑰，手留余香。多留心他人的优点吧，然后用真诚的话语告诉对方，这样你能得到的不仅是让你感动的回馈，还有一个愿意和你真心相处的朋友，你的交际圈也会因此拓宽。

你观察得越细心，被赞的人越开心

赞美这件事，人人都喜欢，可是人有千面，没有谁会喜欢千篇一律的赞美。有的赞美非但无法引起被赞美者的注意，甚至会

令他们感到厌恶。比如，有时我们会发出这样的赞美："你是个了不起的人""你很勤劳""你是个好人"，这样也是在赞美，但是内容有些空洞，听起来就像是敷衍了事。

所以，既然要赞美就要使对方从你的赞美中感受到快乐满足，感受到你的真情实意，比如我们不妨从细节上进行赞美。

我们来看看以下这两组对话：

"你这幅画画得无与伦比！"

"你这幅画画得真好！颜色搭配得十分舒服，我尤其喜欢这片草原，你看，小草画得多好，我都能感觉到它们在风中摇曳的样子……"

"你唱歌真是全世界最动听的。"

"你的歌唱得真不错，挺有韵味的，特别是那句……尾音做了适当的颤音，既稳住了，又加入了情绪，十分好听。"

至于哪种赞美更好，相信不需要我再赘述，你们一定都能明白。

为什么后面的赞美更能打动人呢？就是因为后者的赞美注重了细节。所以，我一直提倡赞美必须有明确的指向性，不要为赞美而赞美，要真实具体，言之有物，具体而详细地说出对方值得称道的地方，并说出自己的感受，才能让赞美的话真正落到实处，使双方的沟通进行得更为顺利。

为此，建议你赞美别人的时候，一定要在心里问自己要赞美的具体对象是什么。比如，他究竟好在哪里？我佩服他哪个方面？她究竟漂亮在哪里？是眼睛还是身材，眼睛又是如何的漂亮……可列举具体事实，也可以说出你的感想。只要源于生活，真情流露，有的放矢，就一定能收到赞美之效。

　　陈茵是一家传媒公司的外联人员，她做了近十年的全职太太，刚刚上班，虽然她工作时间不长，年纪比较大，却拥有非常广泛的人脉。

　　传媒公司鱼龙混杂，最难做的就是外联人员的工作了，可陈茵却在业内受到了众多前辈和领导的夸奖和欢迎。

　　"陈茵人长得真漂亮。"

　　"陈茵的口才真好，嘴巴甜，一般人还真抵挡不住呢！"

　　"这个陈茵呀，别看一直没上班，那小手腕耍起来，了不得呢！"

　　……

　　虽然大家评价不一，但是陈茵知道，自己的人脉积攒迅速的原因只不过是比别人多了一些小技巧而已。在职场打拼，很多人都明白赞美的技巧，陈茵对此更是运用自如，更难得的是她的赞美让人听着更舒服。

　　比如，一个同事刚刚买了条新裙子，大家围在一起，夸着漂亮，合适等等，而陈茵一边仔细欣赏一边点头说："裙子剪裁得体，勾勒出你纤细的身条；颜色比较温和，把你的肤色衬托得比较白……"同事听了高兴得合不拢嘴。

　　再如，她每次开发一个新公司的合作项目时，总是以欣赏的态度与新公司交流。特别是一位业内都头疼的"大神"级人物对陈茵真是赞赏有嘉。

　　最初合作时，陈茵还是按以往惯例，对"大神"赞美，但这位"大神"听惯了恭维之词，所以对这些词语很反感，弄得陈茵尴尬不已。

　　回到家，陈茵做足了功课，查了"大神"的资料，在一个小细节上一下找到了突破口。原来，"大神"在籍籍无名的时候，策划过一则不算出名的广告。虽然这广告播出时间不长，但是却是"大神"最中意的作品，也是让他迈入传媒界的跳板。

　　所以，第二天，陈茵再与"大神"谈话时，故意将话题引入到了过去，在回忆中，陈茵说："我记得我还上大学时，有一条广告让我印象深刻，虽然不知道出自哪位大师之手，但那一条广告一定是我学传媒的启蒙点。"

　　于是，陈茵将广告内容及广告经典词说了出来，"大神"感到非常惊讶和感动，认为她是真心实意地崇拜和赞美自己。从那以后，对陈茵的态度发生了极大的转变。

　　就是由于陈茵把每一句赞美都落实到细节上，所以会让对方感觉她是用心了，并且更愿意信任和接近她。正因为如此，她才在短时间内成为业内最受欢迎的人。

　　说一百遍"你真漂亮"，不如说一句"你的眼睛很有神"更有效果。在细节之处赞美他人，才是到位的赞美。美国管理学家内梅罗夫博士也曾经建议我们，"赞美他人的时候，如果你只是宽泛地称赞他，那么他可能认为你只是客套，或是安慰他。最好要回忆某一特定情况，描述出具体的事情。"

所以，想要掌握赞美的技巧，就要多在细节上下功夫，多多用心观察别人。每个人身上都有闪光点，你观察得越细心，越能发现别人值得赞美的地方，发现别人与众不同之处，也就更能将赞美的话说到点子上。巧妙独特的赞美之声，就像甘甜的蜜水一样流进对方的心里，到时想不喜欢你都难。

赞美请及时，莫待无花空折枝

任何东西都是有保质期的，赞美也是。

你认同这一句话吗？第一次听到这种理论时，我感觉有些奇葩，但联想到实际生活和工作，不免发现的确如此。过时的赞美就算你是真诚的，发自内心的，哪怕用上再华丽的辞藻，也无法达到良好的效果。

记得正式参加工作一年后，我迎来了人生中的第一次升职。我高兴坏了，恨不得将这个好消息敲锣打鼓地昭告天下，让所有人都知道我的努力得到了回报。当时单位几乎所有的同事都第一时间为我祝福，"听说你升职了，付出总会有回报，真为你高兴""你今天所取得的成绩，是实力的证明"……

唯独一位和我关系好的同事，什么也没有说。当时我心中虽然有些失望，但我知道，那段时间他正忙着一个项目，所以也没有多想。

　　两个月过去了，这天同事找到我，忽然跟我说"恭喜你，升职了。"

　　"啊？"我有些恍惚，以为自己又有升职的好消息了。

　　同事笑笑解释说："上次你升职的事，我没有来得及恭贺你。"

　　"没什么。"我也笑了，接着我们开始聊其他的话题。

　　虽然现在听到恭贺的话，我依然接受，但很明显，我的心境和之前已经大不相同。当时听到的每一句话我都十分激动，现在已经非常平淡了，甚至内心开始思量，"这都已经是过去的事情了，他为什么突然跑过来夸奖我？是不是有所企图？要是真诚的话，为什么不当时就恭喜我呢？"

　　"花开堪折直需折，莫待无花空折枝。"

　　也正是这次经历，让我领悟到，赞美也是讲究时效的。我们都知道，赞美能够激励一个人不断进步，让他爆发出无尽的潜能；赞美能够消除人与人之间的陌生感，让彼此的关系越来越亲近。既然如此，那就要不吝啬对于别人的赞美，懂得把握恰当的时机，千万不要时过境迁后才想起来补救。

　　表弟在一家公司工作了两年，之前表现平平，也没有什么干劲，经常三天打鱼两天晒网。可最近一年却表现非常突出，总是神采飞扬的，干劲十足，一连半年都是全勤。

　　"究竟是哪位高人点化了你，让你发生了如此可喜的转变？"我笑着追问。

表弟回答："可能是因为公司换了一个部门经理。"

"这个经理一定很有才能，而且对你们很严格吧？"我问。

"不，主要是他懂得赞美我们，而且非常及时。"表弟答。

接下来，表弟向我讲述道，"之前的部门经理平时总爱板着脸，一副严肃认真的样子。他总是爱批评我们，一旦我们出现了错误，就会立即劈头盖脸骂一通。虽然他也时常表扬和夸奖我们，可这赞美的力度和时效就差远了，时常过了很久才对我们提出赞美。比如有一次，我所在的小组拿下一个大项目，为公司赢得了丰厚的收益。我和同事们非常兴奋，谁知这位经理却没有任何表示，直到几天后他才在部门会议上表扬了我们几句，可当时我们都没有了当初的兴奋劲。"

"就是因为这位经理总是批评我们，却没有及时赞美和表扬，大家的工作劲头都不高，业绩也不太突出。所以，公司领导决定另请高人，把那位经理给辞退了。而新来的经理却完全不一样。"表弟继续说道，"他总是能够及时赞美和表扬我们，即便是一点进步，他也会大声说'做得真不错''这次比上次有进步了'……及时的赞美让我们感到前所未有的兴奋，所以情绪和干劲也非常高。"

"你知道吗？短短半年时间内，我们部门的业绩就增长了20%。更神奇的是，我们都成了公司非常忠诚的部下，任凭别的公司高薪挖墙脚都挖不走。"表弟自豪地说道。

如果你想要打动人心，不仅要学会赞美，还要懂得抓住赞美的时机。赞美是一种强化有益行为的方式，也是讲究时机的，最好是在那种行为正在发生的时候。当别人取得好的成绩，或是表现良好，评上先进、受到奖励时，不要犹豫，立即把自己的赞美送给对方。

恰逢其时的赞美犹如锦上添花，其价值可"抵万金"。因为此时人的心情舒畅，如果再听到一句真诚的夸赞，内心的喜悦将达到最大化。

找人替你传话，赞美效果极佳

赞美是人们拉近与他人心理距离的关键，也是赢得被称赞者的好感与信任的关键。当我们受到他人的赞美时，荣誉感和自尊心得到满足，就会产生一定的愉悦感，从而对赞美者产生亲切感和好感，更愿意和赞美者交谈和来往。

不过相较于当面赞美自己的人，如果有人借助第三方的口来表达赞美，我们更容易感受到对方的真情实意，赞美也就更容易起到良好的效果。这是因为，当面赞美难免有恭维、讨好的嫌疑，而在我们的观念中，第三方的话比较公正客观，是真正地发自内心的，是不带任何私人动机的。

试想，如果有人在你面前说"你是位很了不起的人""最近你身材越来越好了"，你听了当然会高兴，但是也难免疑心对方的真心。若有人告诉你，"某某对我说，你很了不起！""怪不得某某说你身材越来好好，今天一见果然所言不虚。"你能不高兴吗？你对某某的好感也会油然而生。

借助第三方的口来表达赞美，是间接赞美的一种方式。这种赞美的方式，远比当面恭维别人说好话，效果要好得多，甚至事半功倍。

因此，我们想要赞美一个人，希望给某人留下良好印象、期望与某人建立友好关系时，不仅要学会当面赞美对方，还要趁着对方不在场时，多在背后说人几句好话。当赞美的话传到对方耳朵的时候，对方自然会情不自禁地感到愉悦和鼓舞，增强对你的信任感，愿意与你成为朋友。

关于这一点，我个人深有体会。

当年我毕业后进入一家广告公司工作，由于初出茅庐，我的经验不足，能力也有所欠缺，但是部门经理却对我青睐有加，这不仅在于我工作认真负责，还在于我经常在私底下夸赞他。

有一次，在和客户闲聊的时候，正好说到了部门经理。我当时非常真诚地说："我们经理这个人有才华、有能力不说，对于我们这些员工也非常好。"

后来，这位客户在与经理会面的时候，就谈到了我对他的赞美。这让经理感到高兴和欣慰，对我也有了很好的印象，再看我平时努力工作，认真踏实，自然而然地便对我很看重。

在职场上，如果你当面赞美上司，那么上司或是同事就会认为你在讨好上司，拍上司的马屁。轻则会引起上司和同事们反感，重则还会被同事们孤立，影响职场的发展。可是如果你在上司不在场时，或是与同事、客户闲聊时，真诚地赞美上司，夸奖他的才华或是能力，那么效果就会不一样。

或许有人会说："我当着第三个人的面赞美他人，万一这赞美的话传不到他的耳朵里，怎么办？那么赞美岂不是无法起到作用。"其实，你根本不用有这样的担心，因为这个世界上有很多喜欢传话的人，一传十，十传百，我们在背后说他人的好话，是很容易就传到对方耳朵里去的。

退一步说，我们赞美他人的目的并不是为了讨好他人，为什么又非要让别人知道呢？那这样的赞美与恭维又有什么区别呢？

赞美加点创意，原来这么有趣

"你真漂亮！"

"你真帅！"

"你工作真出色。"

……

这样的赞美之词让人听起来总觉得少点什么，你可能会在心里反问"我哪里棒，你倒是说一说呀！"这种直白而不走心的赞美听到了三遍之后就会无感，再听三遍心里就会厌烦，这种一遍遍味同嚼蜡的赞美不如不说。不过，如果你能换一些新颖独特、抓住特点的赞美，则会令人回味无穷。

陈瑾是某大型企业的总裁，她一个女人将企业管理得井井有条，经济效益和社会效益都很可观，业内人士都称赞她为"铁娘子"。

一次，一名记者采访陈瑾时说道："陈总，大家都认为你是巾帼不让须眉，我倒觉得你身上更有着传统女性的那种善良心细的魅力。"

听到这话，陈瑾特别高兴："很多人只是看到了我的表面，并不真正了解我。"

为什么记者的这番话就能够博得陈瑾的好感？就是因为她平时听到的对她才能的赞美之词太多了，而这位记者称赞的却是她的女性魅力，这样让她感到特别新颖。

平铺直叙的赞美总让人觉得无味，给你的赞美之词加上一点创意，注意寻找别人所没有注意到的细节，用一些新鲜的词句义来表达赞美之辞，不泛泛而谈，也不一成不变，给对方以超出其期待的评价。这样的赞美，你不仅能达到想要的沟通效果，还能在别人心中竖立一种聪明睿智的形象。

一个令人叫好的赞美多是因为"创意"，不同的思维方式，产生不同的表达方式；不同的表达方式，产生不同的赞美效果。所以，在我认为，一个擅长赞美的人必定有着丰富的表达方式，他们往往能在短短几分钟内，打造一场妙趣横生的谈话，给对方制造一个难以忘怀、回味许久的回忆。

2008年上海国际电影节是由陈丹青任主席论坛主持人的，他要邀请著名的导演、演员等进行访谈，其中包括素以"冷面"著称的王家卫导演。

很多主持人都不愿采访王家卫，即便他们用尽了"你很有才华""著名导演"等词汇赞美对方也无济于事，王家卫总是很冷酷，不苟言笑，让人觉得沟通不畅。

陈丹青接到访谈王家卫的任务后，做足了准备，刚开场他就笑着开玩笑说："王家卫一走上来，带着墨镜，穿着西服，我一看这就是个黑道大哥。"

现场观众听完大笑，但是王家卫还是那副酷酷的样子。

陈丹青继续说道，"我一直期待上海电影界出现一个流氓才子，但是，没想到几十年前上海电影文化的才子转到了香港，结果，现在香港出了个流氓才子——王家卫，他呀，有江湖气，电影霸道极了，很坦然，也很大气！"见王家卫并未恼火，陈丹青补充道，"王家卫是流氓加才子。"

这一刻，王家卫再也绷不住了，被陈丹青的这种幽默的赞扬逗笑了。

赞美如同鲜花，我们不能从花丛中摘下来直接就送出去，总要打理好枝叶，精心包裹后再送出，这样才会显得更有诚意，让接受的人身心都觉得愉快。

与人沟通也是这样，赞美本就是期盼美好，为何不加上一点创意？有创意便是有诚意，还可以达到"锦上添花"的效果，人际间的愉快度将会大大增加。

第六章
幽默！必须幽默！

||||||||||||||||||||||||||||||||||||||||||||||||||||||||||||||||||||||||||||||||||||||||||||

　　人际交往中，谁都希望能左右逢源，为此我们竭力表现自己，但其实这里有一条捷径，那就是幽默。幽默是极致百变，是妙语横生，但前提是不能太不着调，才能化腐朽为神奇，风生水起好运来。

朋友圈里，就缺一个幽默的人

与人沟通的过程中，具有什么特征的人更吸引人、打动人呢？你可能会提到友善、热情、开朗、宽容、富有、乐于助人等，但事实上最重要的莫过于幽默了。在这里，我并不是说其他特征不重要，只是这些品质在交际中最开始没有太多机会展示。而幽默，通过你的嘴巴就完全可以体现出来。

著名的语言学家弗兰泽尔·埃尔顿说过这样一句话："缺乏幽默感的语言犹如一篇公文，缺乏幽默感的人堪比一尊雕像，而缺乏幽默感的家庭不过只是一间旅店。"

确实，与不熟悉的人会面，我们难免会情绪紧张，不知该说什么好，这时很容易出现四目相对、局促无言的拘谨，沟通难以顺利进行下去。此时如果能够适当地运用幽默技巧，往往在最短的时间内就能把单调的气氛活跃起来，迅速消除双方心理上的距离感，给沟通创建一个良好开端。

苏勇是一个长相普通、身材普通的男人，却是所在朋友圈中最受欢迎的人，经常有朋友请他参加聚会，共进午餐。更神奇的是，他走到哪里都很受欢迎，很快就能和陌生人打成一片，交上朋友。苏勇的秘诀是什么呢？用他自己的话说："幽默使我们一见如故，得到了更多的朋友。"

让我们来看看，苏勇是如何运用幽默交友的吧。

苏勇参加一次小型社交活动，席间认识了一位新朋友。这位新朋友似乎和苏勇没话说，她拘谨地谈着一些诸如天气、物价等无聊的问题，而且整个身子特别僵硬。

见此，苏勇微笑着说："老实说，你是不是被绑架了？如果是，你就眨眨眼。"

女孩愣了一会，随后神情放松了一些。

"我不喜欢这种无聊的话题，但是我不敢说，因为我担心因此中断我们刚刚建立起来的友谊，你说呢？"苏勇继续说。

女孩愣了一下，随即像放掉包袱一样松了一口气，那正是她的感觉。

接下来，两个人决定谈点别的。

"人们都说，相信猪会爬树，也不要相信男人的话。"苏勇一本正经地强调说，"但是，你不用担心。我是坚决不会让猪爬树的，那样会损害美好的树木，我是一名环保主义者。"

"哦。"女孩不禁笑了，"那我倒要好好听听你怎么说。"

……

最后女孩主动要了苏勇的电话，并兴奋地说道："和你聊天很愉快，我很想再见到你，因为你是很有意思的谈伴。"

看，这就是幽默沟通的效果。

卡耐基有句名言："关于沟通，除了词汇之外，最重要的就是'趣味'！"

幽默是一种最生动的沟通方法，生活中没有人不喜欢幽默的人。在这方面，相信你和我会有同样的体会：和一个面露微笑、幽默风趣的人相处，我们会有一种轻松感，彼此气氛融洽，沟通起来更愉快；而和不苟言笑或面带怒容的人在一起，我们往往会感到压抑沉重，不自觉地"敬而远之"。

生活中，大多数人都有广交朋友的心，但要把陌生人变成朋友却很难，这是我们共有的难题。但幽默能够引发喜悦，带来欢乐，一起笑过之后，彼此之间的距离还会远吗？彼此之间的拘谨少了，轻松多了，整个沟通气氛就会变得祥和顺畅许多，那么接下来的交往都会变得顺理成章。

一个人只要能够让人发笑，立刻讨人喜欢，那么交际就已经成功了一半。你希望自己的朋友越来越多吗？你希望在交际活动中左右逢源吗？用幽默去沟通吧，现在就开始。

尴尬了怎么办？用幽默排忧解难

与人沟通中，我们常常会因为别人的故意刁难，或是因为"话赶话"而陷入尴尬的处境，这往往就是一刹那的事，有时仅仅因为一两句话而已。如果我们生硬地反驳对方，就可能撕破了脸，甚至破坏彼此之间的良好关系。可如果我们不给予回答，恐

怕会让自己更加尴尬，丢了脸面和自尊。

这时候，幽默的语言无疑就是我们化解尴尬的灵丹妙药，既可以让我们自己走出困境，又可以避免发生冲突，在彼此心中埋下疙瘩。

姚仑和茂杰是事业上的好搭档，一起成功合作了好几个项目，两个人都很有才能。不同的是，姚仑身材高大，非常帅气，可茂杰却长得矮小瘦弱，但是偏偏茂杰娶了一个非常漂亮、身材高挑的妻子。这让姚仑心里有些不平衡，"凭什么他那么普通，还能抱得美人归？我这么优秀，却依然单身？"

一次同事们一起喝酒时，姚仑酸溜溜地说："茂杰，你真是上辈子拯救了银河系！这么矮的个子，竟然娶了个美丽高挑的妻子，你们走在一起回头率肯定100%！大家还以为你们是白雪公主和小矮人的组合呢！你说我，高大英俊，其他条件也不比你差，怎么就是娶不到你那样的老婆呢，怪没天理的！"

姚仑这酸话一出口，气氛顿时变得尴尬了起来，那言下之意不就是在说茂杰处处不如他吗？这让其他在场的人都不知道该如何接话好。

这时，茂杰脸上没有丝毫的怒气，反而笑着说："是啊，我就是上辈子拯救了银河系，才娶了这么美丽大方、身材好的妻子。不过，你没有听过一句话吗？浓缩的都是精华，别看我身材矮小，但是我是精华啊！打个比方，你就像那电线杆，我就是那浓缩的金条，你说这大家喜欢电线杆还是金条？"

听了这话，大家纷纷哈哈大笑起来。一时间，尴尬的气氛也一扫而光。

显而易见，面对姚仑半开玩笑的抱怨，茂杰如何接话是非常关键的，如果应对不慎就会引发矛盾，自毁形象。在这关键时刻，茂杰并没有直接反驳姚仑，而是神色不改地面对出现的问题，幽默地化解了场面的尴尬，同时也给予了姚仑不卑不亢的回击！可见，幽默绝对是"救场"的良方。

谁都不喜欢深陷窘境，越尴尬的局面越需要我们力挽狂澜才行。而要做到这点恰恰需要冷静，积极发挥自己的智慧，寻找一切可以突破的因素，产生机智而又幽默的趣言妙语，迅速转移他人的关注焦点，即便是面对别人不怀好意的挑衅，也能够用妙趣横生的方式来给予回应，从而轻松地摆脱尴尬。

因此，一个幽默的人必定是一个宽容善良又反应灵敏的人。

朋友耿常是一个说话非常幽默的人，无论遇到什么样的难题，和人发生什么样的矛盾，他都能三言两语化解。

这天，耿常坐着公交车去上班，由于车子突然急刹车，耿常没有站稳脚步，不小心踩了一位女士的脚，女士"哎呦"一声，朝耿常喊道："你这人怎么踩人，没长眼吗？"

"对不起，对不起。"耿常赶忙道歉，并说道，"都怨我的脚没长眼。"

"谁的脚也没长眼，但就你的脚踩我了。"女士没好气地说。

见对方一副恼火的样子，耿常爽朗地笑了几声："要不，你也踩一下我吧？"

女士质问耿常："你为什么不讲理？"

耿常挠挠头，回道："我本来就没理，和你讲什么理？"

女士一听抿嘴一笑，怒气全消了。

仅仅凭借几句幽默的话，耿常就避免了一场口舌官司。

幽默不仅仅是高级的说话之道，更是化解尴尬的绝佳利器，它不仅会让我们自己免于陷入尴尬之中，还可以避免让别人尴尬。所以，当我们毫无预警地陷入尴尬境地的时候，应该得饶人处且饶人，善用幽默的语言，让它来化解彼此的尴尬。在轻松愉快的笑声中，还有什么解不开的结呢？

你"抹黑"自己的样子真的好洒脱

在沟通过程中，有时即使你幽默风趣、妙语连珠，有些人还是不愿对你打开心扉，使接下来的沟通异常艰难。何况，当我们和别人存在心理隔阂、彼此并不了解时，幽默一旦掌握不好分寸，就可能会引起对方的不愉快，甚至一不小心得罪人。此时，适当地"抹黑"自己是最保险的方法。

　　"自黑"的形式无非就是以下两种：一是嘲笑自己的短处和不足；一是嘲笑自己的失误。也就是说，人们不再是遮掩自己的丑处、羞处、蠢事等，而是运用夸张、开玩笑的方式巧妙地说出来。比如，当下不少人会在朋友圈晒自己做的"暗黑料理"，或是自己笨笨的、懒懒的一面。

　　"自黑"绝对不是诋毁自己、贬低自己、抹黑自己，而是幽默展现自我的一种方式。而且，"自黑"的方式要比夸耀自己、往自己脸上贴金，更让人产生好感，更受人欢迎。

　　一位女同事长相清纯甜美，体形苗条匀称，有一种大气高贵的气质，令人顿生"只可远观而不可亵玩焉"的感觉。但在交际中，她却经常拿自己开玩笑，她说："听过我说话的人一致认为我唱歌一定好听，见过我的人都认为我跳舞肯定棒。可惜我身上天生就没长音乐细胞，唱歌老跑调，跳舞没节奏……"

　　听了这些"自黑"的话，你有什么感受？会看低对方吗？不，我们反而会觉得对方很可爱、很真诚，富有人情味，愿意和他们交流沟通，乃至成为朋友。

　　很多成功的人都喜欢"自黑"，用幽默的方式来调侃自己。当代著名作家、散文家、诗人林清玄就是一个幽默风趣的人，也是一个善于"自黑"的人。

　　林清玄的文字优美清丽，可是他的长相却实在过于"委

婉"：身材矮小，还有些秃顶。所以，时常有人说他长得其貌不扬，但是他却丝毫不在意，还时常拿自己的相貌开玩笑："有人说我长得像电影里的火云邪神。今天我就站出来，让大家来看看，我到底像不像火云邪神？"结果，赢得了人们热烈的掌声。

这就是聪明者的幽默，林清玄的一番"自黑"不仅赢得了人们的喜欢，更凸显了他的心胸、气度，让人有肃然起敬的感觉。

有一句话说，"敢于直面自己的不足，用自己的不足为别人增添笑料的人，才最勇敢。"在我看来，"自黑"的人内心都比较强大，是真正的勇敢者。在与人沟通的时候，如果你能坦然地接受自己的缺点和不足，敢于拿自己开玩笑，拥有自嘲的胸襟，那么别人的眼光和评价就变得无足重要了。

所以，"自黑"实际上是聪明地为自己解围，并且保护自己。尤其是遇到尴尬的时候，"自黑"的方式要比直接辩驳更加有智慧，不仅会缓解尴尬的气氛，避免让自己出丑，还可以让别人见识到自己的宽容和幽默，从而赢得别人的尊重。

我国近代著名画家张大千先生也是非常懂得"自黑"艺术的人，并且凭借着幽默的语言，化解了尴尬的氛围。

一次，张大千从上海返回老家四川，一些好朋友为他饯行，京剧大师梅兰芳先生也被邀请作陪。宴会开始后，大家开始安排座次，并且纷纷让张大千坐首座。这时，张大千却笑着说："首座应该是梅先生的，因为他是君子，我是小人，我应该坐末座才是。"

看大家面面相觑，张大千立即解释说："中国有句俗话'君子动口，小人动手'，梅先生是唱戏的，动口；而我是画画的，是动手。所以我们理应请梅先生坐首座。"

张大千先生一席话毕，满堂宾客为之大笑，最后安排张大千和梅兰芳先生并排坐了首座。张大千自嘲是"小人"，看起来是"自黑"，其实是尊敬梅兰芳先生，既体现了他为人的幽默，又反映了其胸怀和气度。

现实生活中，真正能做到"自黑"的人少之又少。若你想成为其中之一，就要注重培养豁达的胸怀、乐观的境界、超脱的心态等。

幽默也要有界限，玩笑过了招人烦

幽默最直接的体现就是开玩笑，那些平时喜欢开玩笑的人，往往走到哪里都会受到欢迎，因为玩笑可以有效缓解沟通双方的压力，保证沟通交流更加顺畅和舒适。尤其是当沟通双方产生误会或冲突，玩笑可以将大家的注意力转移到一个安全的通道内，处处充满欢乐，时时洋溢笑声。

但凡事过犹不及，尤其是玩笑，倘若只是为了营造气氛而刻意制造幽默，不分场合，不管对象，不管内容，往往说得越多反而弄巧成拙。

　　我们公司有两位同事，阿泽和阿隆，两个人不仅是事业上的好搭档，还是生活中的好朋友。由于两人同住一个小区，时常一起上下班，周末还会带上双方家人一起度假。这样一份情谊，引来了很多同事的艳羡，包括我。但最后，我却目睹了这段友谊的瓦解。

　　阿泽是个比较搞笑的人，平时喜欢开玩笑，在公司里时不时会开一些玩笑来逗大家开心，有时候是开自己的玩笑，有时候是拿同事开涮。阿隆作为他最好的朋友，自然是被拿来开涮最多的人。很多时候，同事之间开个玩笑无伤大雅，又能活跃气氛，所以阿隆也不是很在意，总是哈哈一笑就过去了。

　　这天下班后我们几个同事聚餐，大家你一言我一语，气氛比较融洽。如此热闹的场合，阿泽又开始搞怪了，他笑着说："阿隆有一个秘密，你们知道吗？"

　　阿隆知道阿泽又要拿自己开涮，便笑着说："我哪有什么秘密？而且我自己还不知道？你不要胡说八道，要不说出来我今天不会轻饶了你！"

　　这时候，阿泽神秘地说："你别急呀！我说有秘密就是有秘密。我告诉你们，阿隆是个'妻管严'，他这个人怕老婆！老婆叫他往东，他绝对不敢往西。"

　　听到这里，大家都哈哈大笑。

　　阿隆的脸色却有些不对劲儿，急忙辩解道："我那哪是怕老婆，我是爱老婆。"

"别嘴硬了。"阿泽偷笑着，"前几天，你和你老婆吵了一架，半夜还被她赶出了家，你在我家借宿了一夜。媳妇不放话让你回家，你就不敢回家，你敢发誓说没有？"

"你可别说了！"阿隆脸色有点涨红。

看到阿隆急了，大家就停住了笑声。滔滔不绝的阿泽正在兴头上，丝毫没有察觉到气氛的异常，继续笑着说："那可真是让我毕生难忘的一夜，我原先竟不知道，阿隆晚上呼噜打得那么响。不瞒大家说，我直接被惊醒了，以为邻居家大半夜搞装修呢，哈哈。"

阿隆这下真生气了，脸色都变了。

眼看事态要失控，同事们赶紧对阿泽说："你不要再说了！"同时，劝解阿隆不要生气，他是开玩笑的。而阿隆则愤怒地瞪着阿泽，碍于大家的劝说，没有再说什么。

虽然当时的气氛尴尬到了窒息的地步，可阿泽不仅没有认识到自己的错误，反而气愤地说："我不是开玩笑嘛！平时我也和他开过玩笑，也没有见他这么着急！这个人真是的，一点玩笑都开不起！"

之后，阿隆在公司中不再愿意和阿泽多说话，还主动申请调离了工位。

因为一个过分的玩笑，两个好朋友成为了见面都不说话的陌生人，甚至是有嫌隙的仇人，只能说是得不偿失了。在这件事情上，是阿隆太小气，开不起玩笑吗？当然不是，主要是阿泽开玩笑没有度，伤到了对方的自尊和面子，那就不是开玩笑了。不仅

无法产生"笑果"，还会让人心存怨恨。

我们常说"适可而止"，玩笑并不是想说就说，想开就开，它有界限而言，要尽可能避免说出令人尴尬或厌恶的话，更不能拿无知当有趣，毫无底线地娱乐。

俄罗斯作家赫尔岑曾经说过："笑，绝不是一件滑稽的事。"英国大文豪莎士比亚也有同样的看法："笑要有智慧，幽默不单是要单纯逗乐，还要排斥庸俗。"

那些真正会开玩笑的人，不管什么时候，不管面对什么人，他们都时刻懂得说话的尺度和界限，即便是和别人开玩笑，也是充满善意的，不会令对方感到尴尬，不会揭别人的短处，更不会涉及别人的隐私。如此，人际之间的关系会更加融洽，对方也会感觉他是谈吐幽默、易于相处之人。

比没幽默感更可怕的是：自以为很幽默。

自己觉得好笑，别人不觉得好笑，不是幽默。

自己觉得好笑，别人却听了难受，更不是幽默。

为什么这些都不是幽默？因为，让别人开心地笑，这才是真正的幽默！注意看清楚，是让"别人""开心"地笑，里面有两个关键点，只有我们都做到了才是真正的幽默。

老王上了年纪，头发渐渐地秃了，锃亮的脑门儿十分显眼。

一天在社区和人下棋，一个棋友摸了摸老王的秃顶，说道："你这脑袋真是懒到家了，一点毛也不长。"这虽然是一句玩笑话，但是令人听了很不舒服，所以老王没有心情搭腔。

　　这时，另一位棋友当即予以否认："不，我不认为是这样。我觉得，这是老王聪明的表现，热闹的马路不长草，聪明的脑子才不长毛。而且，这锃亮的脑门还有一个好处，如果光线不好，我们就像挨着一个电灯泡。"

　　听了这位棋友的话，大家哈哈大笑，就连老王也把刚刚的怒气消了。

　　哪一种幽默更胜一筹，相信你们心中都是有数的。幽默不是油腔滑调的故弄玄虚，不是矫揉造作的插科打诨，更不是格调低下的"段子"，而是一种高层次的语言艺术和思维智慧，不仅可以使人开怀大笑，还能把人带到轻松愉快的气氛里，这样也就促进了彼此之间更好的理解和沟通。

　　那些以开玩笑为借口，却借机对别人冷嘲热讽，把侮辱当有趣，把庸俗当幽默的人，绝对是最令人反感的那一类人，千万别让自己成为这种人人都避之不及的人。

批评这件事儿也可以很高级

　　幽默是一种智慧，它的最高境界就是展现语言的智慧。它不仅可以创造出一种松愉快的氛围，让我们赢得别人的喜欢和尊敬，还可以缓解尴尬的处境，化解人与人之间的冲突。更重要的是，当我们需要对人进行批评时，如果适当地运用幽默，既能达到批评对方的目的，又能增加趣味的成分。

有这样一则小故事足以说明：

　　罗西尼是19世纪著名的意大利作曲家，一天一位作曲家拿着一份曲谱前来拜访，恳请罗西尼听听自己的演奏并给予意见。

　　在作曲家演奏过程中，罗西尼一直认真地倾听，且不时地脱帽致敬。

　　作曲家演奏完毕，问罗西尼："您觉得怎么样？"

　　"太好了"，罗西尼回答。

　　"真的吗？"，作曲家兴奋地追问道，"您脱帽就是对我的极大认可吧？"

　　"不，不是因为你"，罗西尼回答说，"我有见到熟人就脱帽的习惯，在阁下的曲子里，我碰到了那么多的熟人，不得不连连脱帽。"

　　罗西尼幽默地暗示曲子缺乏新意，指出作曲家的抄袭行为，含蓄地向对方表明了自己的看法和意见，既照顾到作曲家的面子问题，又增强了批评的力度，两全其美。这是一种机智的表达，是一种轻松的深刻，很明显这比口若悬河地直说这份曲谱是东拼西凑的抄袭品更有力，实在值得回味。

　　曾经有一个格言："一滴蜜汁比一加仑的胆汁更能吸引苍蝇。"这句格言就启示我们，如果你想劝导一个人，就要学会硬话软说。所谓"硬话"是居高临下的斥责、声色俱厉的禁止；而"软话"则是从尊重人的角度出发，使人感到受到尊重，心情舒

136

畅，其中幽默就是一种非常不错的方法。

人和人的感情不仅需要培养，更需要维护。批评别人，也应该以维护感情的目的去做。没人愿意听到不好听的话，当你批评的重点在于激励，而不是警告，能够让难听的话变得好听，能够让逆耳的忠言变得不那么有棱角，相信再逆耳的忠言也会变得富有说服力，更容易被人接受。

刚毕业的一段时间，我在一家刚创业不久的投资公司谋事。公司的起步期一般比较艰难，工资待遇偏低不说，而且经常免费加班，大家苦不堪言。但老板不想改善职员的待遇，因为他认为职员们的工作态度有问题，对公司不够忠心，比如有人经常私底下抱怨连连，还有人在外面兼职。当有人拿其他同性质的公司做对比时，老板多半会这样说："那些公司的员工都是专业出身，能力很强！"

确实如这位老板所说的，我们大多数人都不是专业出身。可是如今这个社会，又有几个是专业出身的呢？只要能很好地完成工作，是不是专业出身，根本就不是特别重要。老板以下属不是专业出身为由，这明显是一个不想改善职员待遇的借口，但大多数人都只是敢怒不敢言，也有个别人跳槽走了。

那段时间，出于兴趣和需要，我想好好学习一下投资知识，并决定好好找老板提一提职员待遇问题，但很明显这是一个比较冒险的举动，稍不注意就容易导致老板的冷对或指责。因为批评的话具有一定的否定性，极易造成谈话双方心

理上的不相容性和相互排斥性，最终影响谈话效果。

认真思索了几天后，我找到了老板，非常诚恳地说："我发现，最近公司很多员工都不能按时来公司上班。"

老板问："为什么？"

我说："大家觉得坐出租车太贵。"

"坐公交啊！我也经常坐公交来公司的。"老板质问道。

"您就住在公司附近，随便搭一辆公交就能过来，可大多数员工由于住的地方跟公司有一段距离，车上人太多，根本挤不上去，即使挤上去了，在人挤人的公交上也会被折腾得筋疲力尽，等他们到了公司后，已经没有精力工作了。还有他们每月所出的公共汽车费，也不堪负担。"我叹了口气。

老板接着说："大家以步当车不就可以了吗？这样不仅不需要钱，而且还能健身，不是一个很好的办法吗？"

我摇了摇头："不行！鞋袜走破了，他们买不起新的。我倒有一个不错的方法，就是号召大家光着脚来上班。谁让他们没有本事，只能当苦命的职员！他们坐不起出租车、公共汽车，也不能鞋袜整齐的到公司上班，都是活该！"

听到这话，老板都有点不好意思了，主动提出要改善下职员的待遇。

在这里，我并没有用生硬的责备语气，更没有将矛头指向老板，而是如朋友一般向老板倾诉大家的苦衷，并且以开玩笑的形式来表达自己的正面意思：公司员工经济条件太艰苦。当老板听到我的这些抱怨，自然会想员工如此艰苦的原因是什么造成的，也就明白员工的待遇需要被改善。

很明显，这种效果远胜于疾言厉色的批评或是苦口婆心、喋喋不休的劝诫。

批评的话"绕个弯"再说，看似与我们常见的"直线"方式截然相反，事实上却远比直话直说更能抵达对方心中，方便对方"笑纳"，不是吗？

既在意料之外，又在情理之中

我们总希望自己能言善辩，能够妙语连珠、幽默诙谐地和周围的同事、朋友们交谈。但你知道吗？幽默需要少一些一本正经，也没必要过于较真。因为在任何语言交流中，有一说一、有二说二，实实在在，没有任何的创新和变化，也没有奇巧和怪诞的语言，是很难取得幽默效果的。

正如一句话所说："幽默不会产生于平庸与苍白之中，而是来自于意想不到的震憾。"

单位的陈姐结婚仅仅六个月就生了孩子，大家自然免不了议论纷纷，并私底下拿这件事情开玩笑。在孩子满月之际，陈姐邀请了全单位的人欢聚，并在席间请大家给送祝福。

一同事一本正经地评价说:"这孩子是个急性子,是想早点出来见父母吗?"这个人的幽默感就不强,只是对眼前事实的简单评述。

一同事则笑着对陈姐说:"你的本事可真大,生孩子就和工作一样,效率可真高啊。"这话自然是幽默的,能让人会意地一笑。

单位最幽默的刘衡也来了,他恭喜了陈姐一番,还给孩子带了一份见面礼,是一个儿童卡通书包。陈姐大感不解,问道:"孩子刚出生,你就给送书包?太早了吧?"

"不早,不早。"刘衡摆摆手,煞有介事地解释道,"别的孩子怀胎十月才出生,你家的孩子仅仅只用了六个月时间。照这样的速度,要不了半年,他就该上学了,所以我就提前给他备好书包了。"

听了三位同事的话,你觉得哪一个最有意思?显而易见,刘衡不愧是幽默高手。在这里,刘衡由孩子出世早,联想到孩子上学早,再联想到必须早早准备上学用的书包,这就形成了一种出其不意的幽默效果。看似意料之外却又在情理之中,令人不得不称其奇,叹其妙,一看再看,一想再想。

高超的幽默往往来自机智的反应,这是一种灵活变通的智慧。不过这一技巧并不神秘,也不深奥,只要你多多动脑筋,灵活地反应,不那么死心眼地有一说一,有二说二,那么谁都可以采用它。

比如,生活中有某种常态,思维中有某种常理,我们的联想往往会因为这种习惯了的常态和常理达到自动化的程度，原因在前，结果在后，反面的动机、原因，造成了正面的行为、结果。此时，如果你试着导向反面时，能从正面的原因推导出反面的结果，就能造成对方心理预期上的失落和发现的惊异。

在正常心理的顺序上，但这并没有什么稀奇，也不会带来幽默的笑声。而幽默要做的恰恰相反，它的具体表现是，正面的结果在前，反面的动机在后，

有一个人要去一所医院看病，可是他不认识路，只好就向周围的人打听。

"很简单"，一个人回答道，"只要你闭上眼睛，走路不分红绿灯，过不了十分钟，你就会发现自己在医院里了。"

这个回答就是从反面来说的，意思是只要你出了车祸，保证能被送到医院去。虽然说这是从正面的问题里引出了反面的答案，却也完整地回答了最开始的问题，而且还造成了幽默的效果，令人不得不惊呼它的神奇和可笑。

另外，和人沟通的时候，聪明的幽默者往往具有敏锐的观察能力、活跃的思维能力、巧妙的表达能力，别人所说的某个特定的词本来表示的是这个意思，他们却故意把它理解成那个意思，讲出了别人没有想到的奇妙歪理，给人一种新奇的心理体验，使人眉开眼笑、精神不禁为之一爽。

让我们来看看法国小说家巴尔扎克是如何做的吧。

有一个贵妇人想赶赶时髦，居然想当一名作家。一天，她专程前往拜访巴尔扎特，请教道："巴尔扎特先生，请您

告诉我如何写小说，我想尽快成名。"

　　巴尔扎特认识这位贵妇人，她根本就不是写小说的料，于是他轻松地耸耸肩，回答道："啊哈，写小说的方法嘛，在我看来很简单。"

　　"真的吗？"贵妇人急切地追问道，"有什么方法？"

　　"从左到右"，巴尔扎特回答道。

　　对于贵妇人的请求，巴尔扎特如果一本正经地回答，对方不一定能听得下去，也未必听得懂，如此必然导致沟通不畅。但巴尔扎特具有高超的幽默天分，他给予了"很简单"的回答，并故意将"写小说的方法"歪解成"写字的方法"，于是给出了令人啼笑皆非的答案，造成了出人意料的幽默效果。

　　所以，幽默要突破原有的思维模式，沿着人们事先意想不到的发展方向，如此你便可以给出更有趣、更令人叫绝称奇的答案……

第七章
情话都不会说吗?

谈情说爱,重在一个"谈"字。谈什么?甜言蜜语。甜言蜜语是恋爱中的保鲜剂,会让两个人彼此更加依恋。如果连句情话都不会说,心仪的人不会不请自来,剩下就是宿命了。

爱情的一半靠感觉，一半凭甜言蜜语

总有人说，爱一个人是不需要常常挂在嘴边的，重要的不是看你说了什么，而是看你做了什么。诚然，实实在在的付出永远比挂在嘴上的甜言蜜语更令人动容，但如果那些动听的语言能够给予你的爱人更多的安全感和更美好的爱情感受，那我们又何必吝啬于用语言去表达内心的爱与悸动呢？

逸广和庭庭已经恋爱两年，逸广是个性格内向，稳重踏实的男人，虽然生活中不懂什么浪漫，也不爱甜言蜜语，但对庭庭特别好，早上送早餐，晚上接下班。只要庭庭有什么想要的东西，无论是名牌包包，还是珍珠耳环，他总会想方设法亲手奉上，即便自己下班后还要做兼职也毫无怨言。逸广一直觉得自己爱得很深，而这种爱庭庭也一定能够感受得到，所以他对这段爱情充满了信心。

可是这天，庭庭却说："我累了，也疲倦了，我们分手吧。"

逸广顿时愣住了，艰涩地问道："为什么？难道你觉得我不够爱你吗？"

"你爱我吗？"庭庭噙着眼泪反问道，"我们在一起两年了，你连一句我爱你或我想你之类的话都很少对我说，为

什么？虽然你对我很好，我也时常感动，但更多的时候，我觉得和你在一起没有爱情的甜蜜，我甚至觉得你不是真的爱我，只是想找个人结婚生子，所以你不值得我托付终身。"

"我说那些花言巧语做什么？"逸广不解地追问，"我们都在一块两年多了，已经达成心有灵犀的默契，哪里还需要通过语言来进行表达呢。你呀，要懂我爱你的心思。"

"花言巧语？"庭庭冷冷地看了逸广一眼，无奈地摇摇头。

为了缓解气氛，逸广提议带庭庭去看电影，"你想看哪一部？"庭庭随意地说"我想什么你能不知道吗？"然后就不再言语。逸广按照庭庭以往的口味选了一部电影。看完电影之后，逸广又问"今天想吃什么？"庭庭还是那副不喜不怒的样子，"我喜欢吃什么你还不知道？"最后逸广带庭庭去吃了火锅，去的是平时庭庭最喜欢的那家。之后，不管逸广问什么，庭庭都是以一句"我想要什么你能不知道吗"给堵回去。连续几次，逸广被折腾得六神无主，不知所措。

最后，逸广小心翼翼地说："有什么事你要说出来，不然我怎么知道你想什么？"

庭庭似笑非笑地回答："怎么着？你的心思我就得自己猜，我的心思你却猜不着？"

听了这话逸广转念一想，终于明白了庭庭的用意。庭庭是典型的小女人，喜欢撒娇，缺乏安全感，而自己很少用语言表达爱意，只是让她猜自己的心意，她心里肯定有些失落。想到这里，逸广红着脸凑到庭庭耳边说："宝贝，我错了，以后我想什么都告诉你好不好？我爱你，我想你，我喜欢和你在一起……"

那之后，逸广再也不吝啬向庭庭"表明心迹"了，看着传来的写满甜言蜜语的短信，庭庭终于觉得自己的爱情圆满了。

不可否认，爱情确实是美好的，但同时也是让人不安的。坠入爱河的人总是容易患得患失，喜欢用各种各样的方式去寻找爱情的证据，由此来让自己的内心获得些许的安全感。毕竟不管两个人再怎么相爱，彼此之间也不可能真正明白对方脑子里在想什么，也无法切身地体会对方心中的感受。

所以，情人之间不仅仅需要真情实意，而且少不了爱的语言表达。通过话语将自己的心意巧妙地传达给对方，不仅仅是爱情的黏合剂，更能给予对方的安全感，这无疑是最轻松、也最节约时间的沟通方式。

许多人羡慕别人的浪漫，你可知道这种浪漫说白了就是表达。我们在电影中可以看到，很多恋人和夫妻经常把"我爱你"挂在嘴边，见面时、离别时、闲聊时……他们不吝啬表达心中的心意。这是对伴侣的承诺，对婚姻的承诺，对忠诚的承诺。

我相信，这样的爱情才是完满的。

曾经的热播美剧《约会规则》中曾开宗明义地说过一句话："你若单身，自己快乐便是幸福；一旦结婚，对方比你快乐，才是幸福。"试着对爱人表达你的爱意，"亲爱的，我爱你！谢谢让我遇到你，有你我真的很幸福！"这样说完，对方是不是会感

相亲，都是怎样吸引人的

你有过相亲的经历吗？

说到相亲，与这个社会发展迅速有关。很多年轻人，毕业后会先发展事业，等事业有些成色后，发现年纪不小需要成家，才着急认识异性，而相亲也成了认识异性的主要方式之一。只是，很多人相亲很多次总是失败，经常无法激起对方的兴致，甚至根本不知道说些什么，以至于直接导致冷场。

年底了，很多单身男女又开始持续被父母逼婚，去相亲。29岁的瀚文就是相亲大军中的一员，他条件不错，人高马大，工作稳定，父母都在事业单位上班，只是感情一直不顺。这几年身边的亲朋好友没少帮着他物色人选，但是瀚文在这一年相亲不下30次，但每次都是被拒绝的那一方。

为什么？就在于瀚文嘴巴太笨，不懂得讨女孩子欢心。比如，自我介绍的时候，瀚文的言辞总是这样："你好，我是来相亲的。你也是吧？我身边一直没有合适的人，被家里催得受不了，迫不得已只好来这里相亲。"仅仅这一句话就能让对方黑了脸，有时候，有的女孩甚至直接转身离开。

瀚文一上来就和人家姑娘说，自己是迫不得已来相亲的，会让人觉得他根本不是诚心的，相亲只是敷衍父母而已，自然不会和他多聊。

相亲能否成功，取决于第一印象。第一印象好后续还会有发展，第一印象不好十有八九会被拉进黑名单。而这个第一印象，一小半取决于外在条件，一大半取决于相处时给对方的感觉，这个感觉是由是否会说话决定的。彼此之间的沟通是否轻松愉快，这才是决定是否进一步发展的关键。

有人相亲无数次，没有一次能获得别人的青睐。有人相亲，初次见面就能博得相亲对象的好感。因此，在相亲初次见面时，如何沟通显得尤为重要。

那么，在相亲时遇到令自己中意的人，如何沟通才能获取对方欢心呢？

首先，你要注意自己的着装。在衣服搭配上，除了干净整洁外，还要有属于自己的风格。俗话说"人靠衣装，佛靠金装"。一个得体的穿着能提升一个人的气质，也会令相亲对象对我们有一个不错的外在印象。这个好印象其实就是好感，它非常重要，可以决定了接下来的聊天是否顺利。

其次，你要注意个人行为。掌握一些基本的礼仪，比如和对方交流的时候要面带微笑，当对方说话的时候要认真倾听，不要随意打断对方。如果你是男士，最好主动帮女方拉开凳子，让对方坐下。点菜的时候要把菜单递给女方，让女方来点单。这些都会展示你的礼貌，你的素质。

掌握这些加分项目后，接下来就是如何沟通了。

由于是初次见面，在聊天之初，我们要先介绍一下自己，

这里的介绍并不是单单介绍自己的姓名、年龄，还需要介绍一下自己目前在哪儿工作，家里还有哪些家庭成员，等等。详细的介绍除了让对方对我们更了解外，也无形中表现出自己对对方的看中，这会让对方感受到你的真诚。

当然，你没有必要像面试一样正儿八经。此时，你完全可以用自己喜欢的方式，比如幽默风趣、别具一格，来展示你的个性特征。

例如，当遇到一位性格冷淡、寡言少语的女性，你不妨这么说："听说优秀的女人一般表面很高冷，内心很丰富。我是一名心理咨询师，能不能邀请你一起吃饭，让我们一起去揭开你心里的谜底？"听到这样新鲜幽默的谈吐，相信对方会被吸引，并感受到你的礼貌，从而接受你的邀请。

毕竟都是初次见面，双方难免紧张拘谨，所以选择话题的时候尽量选大家都感兴趣的。比如谈谈以前上学的趣事，谈谈工作方面的事。比如与美食、电影、旅游、运动等相关的话题，这些话题非常安全，也能聊出美妙氛围。如果你能及时发现对方的喜好，聊聊引起对方兴趣的话题再好不过。

期间，你还可以聊一聊自己的长处。这里的长处并不是自己特别优秀的能力，它可以是善良、有爱心、乐于助人等优秀的品格。比如我们要展现自己的爱心，如果对方聊到自己的宠物猫，我们可以说自己也很喜欢猫，并且有一次还救助了一只流浪猫。这么聊，一定能让对方倍加欣赏。

也许每个人都有接近异性的说话技巧，但是无论说得多么巧妙，我们必须改掉这样一种坏习惯——懦弱、结结巴巴。不能利索地说话，这是最影响感情发展的。

花样表白，收获真爱

表白，是爱情初始阶段的最大挑战。

面对心仪的对象，很多人所面临的最大困难就是不知如何开口表白，即便是平时才高八斗、学富五车的人，在这个时候也会因紧张、羞涩等有一种词穷的感觉，也常因为自己毫无新意的表白感到发愁。有时自己明明说得很动情，对方却丝毫不感动，达不到理想的效果，甚至尴尬异常。

那么，怎样表白成功率更高呢？这不是一道既定的程序，也没有现成的话语可套，不过你大可运用一些花样沟通技巧，既能表露自己的爱慕之情，又能让人忍俊不禁，进而在轻松和愉悦之中欣然接受你的爱。

马克思与燕妮自小相识，青梅竹马，情投意合，但一直没有互相表白心迹。一次相会时，马克思决心向燕妮求爱，他凝视着燕妮轻声说："燕妮，我想告诉你，我爱上了一个姑娘，她非常美丽，世界上再也没有比她再美的姑娘了。我非常地爱她，准备向她求爱，但是不知她是否同意？"

燕妮听后心中有些不安，忐忑地问："是吗？那姑娘是谁呢？"

马克思说："我给你看看她的照片吧，你一准认识。"

说着，他从口袋里取出一只十分精致的木匣，说："她的照片在里面呢。"

燕妮紧张地接过木匣，双手颤抖地打开。一看，里面哪有什么姑娘的照片，只有一面小镜子，此刻她在镜子里看到了自己。顿时，燕妮恍然大悟，幸福地接受了马克思的求爱，从此两人山盟海誓，如胶似漆。

爱和被爱都应该是一件愉快的事情，马克思用的这种表白方式就胜在出其不意，既含蓄，又风趣，不仅凸显了个体的幽默和智慧，也给燕妮以莫大的惊喜感和新鲜感，使得他们的爱情充满了浪漫色彩，同时也令人回味无穷。

向意中人表白时多花些心思，能使我们的个人魅力成倍增加。

同事昌淼长得一般，家里条件也一般，但他的妻子阿黛却美貌如花，而且是一名银行职员，事业也很稳定。以至于我们经常起哄昌淼究竟使了什么手段？昌淼一开始只是神秘地笑笑，后来才揭开谜底。

几年前，昌淼去银行办理业务时，一眼就看上了年轻漂亮、工作认真的阿黛。他想追求阿黛，但自己平凡无奇，如何赢得人家芳心呢？后来昌淼想了一个办法，他几乎每个星期都要到银行，只在阿黛所在的窗口办业务，不是存款就是取钱。有时只是一二百的小额，这就引起了阿黛的注意。

当两个人渐渐熟悉起来之后，昌淼把一张纸条连同银行存折一起交给了阿黛。

　　昌淼在那张纸条上写着："我喜欢你很久了，你愿意和我在一起吗？这段时间里，我一直储蓄着这个想法，期望能得到利息，得到你一点点的爱。这周六晚上，你能把自己存在电影院里我旁边的那个座位上吗？如果你没时间，我把它安排在星期日。不论贴现率如何，做你的陪伴始终是十分愉快的。"

　　阿黛愣了一会，随即欢悦地答道："我们可以试试呀！"

　　"直到那时我才明白，他每天来银行都是为了我。"阿黛幸福地与人诉说着，"而我无法抵制这诱人、新颖的求爱方式。"

　　枯燥的银行业务知识被昌淼作为求爱的工具，他以如此巧妙的方式表达自己的爱意，最终也以最快的速度抵达人心，使阿黛在欢笑中体会到深沉的爱。

　　"给我十分钟，我光靠这张嘴就能说服任何女人。"法国哲人伏尔泰说过的这句名言，虽然我们无法判定吹嘘的成分有多少，不过却可以大胆推测出一个真理，男人的嘴巴是潜力无穷的。

　　那么，你是否开发过自己的这种潜力呢？

第一次约会，如何让女神心醉

　　和心仪的女神约会，这无疑是一件令人兴奋到尖叫的事。我可以肯定地说，如果一个男生能约到心仪的女神，那么可以肯定，女神对你是有好感的，有想了解一番，然后进一步发展。一场约会往往需要经历数个小时，而约会最直接的就是与女神单独聊天。所以，如何去聊非常重要。

　　对男生来说，如果你能把握这个时机，那么与女神的关系将会有一个质的飞跃，彼此关系能迅速发展；如果把握不好这个时机，约会过后，就是分道扬镳之时。

　　浩博是我的一位大学同学，长相英俊，很有才华，只是毕业多年一直没有找女朋友。我见他年纪不小了，就提议给他介绍对象，但都被他拒绝了。浩博说，这么多年来，他一直暗恋着一个女生，就在前不久女生答应与他约会，他觉得自己的机会来了，一定能让对方成为自己的女朋友。

　　后来，我发现浩博自从与心仪的女生约会后，朋友圈一直发一些负面的动态消息，字里行间都能感受到他的孤独，我便觉得浩博应该没能与他暗恋的女生有进一步发展。细细问过一番后，果然如我所料，浩博被暗恋的女生拉入了黑名单。心头燃烧的爱情火苗，如同被一盆冰水浇灭。

　　通过浩博接下来的叙述，我了解了事情的经过：

　　浩博暗恋的女生是他的高中同学，名叫安寒，不仅长得好看，而且还多才多艺，绝对是一位女神级的人物。可能是觉得对方太优秀了，浩博一直没有表明心迹，只是毕业时留了对方的电话，这几年虽然两个人在不同的城市上大学、工作，但浩博会时不时地发短信问候安寒几句，或是安寒有什么烦心事了，他会积极地帮忙出谋划策。就这样，两个人的关系走得越来越近。

　　后来浩博事业有成，鼓起勇气，在短信里向安寒表白了。安寒既没有同意，也没有拒绝，而是想跟浩博见一面再做决定。

　　约会当天，浩博将地点选在一家环境优雅的咖啡厅，而且事先他还精心打扮了一番，整个人看起来精神又干练，这让他对这次约会自信满满。或许是见到对方太过激动，浩博点了两杯咖啡便激动地聊开了，话题多与中学时光有关。见安寒沉默着，没有说话，为了活跃气氛，他便说得更加起劲。将近一个多小时，多是浩博在说。后来浩博约安寒吃午饭，但安寒说有点事就离开了。

　　浩博没想到，安寒离开没多久，就将他的联系方式拉进了黑名单。

　　浩博想不明白，明明安寒对自己也是有好感的，为什么这次约会却落下这么一个不美妙的结果？其实，很大一部分原因就是浩博不会聊天。在他没与安寒约会前，彼此靠短信联系，所聊的话并不多，涉及的话题也很少，这样一个相处状态，会让安寒有

很大的遐想空间，在心里描绘出一个她想象出来的浩博轮廓。等真正约会时，安寒会根据浩博的话语来填充她描绘的轮廓。

可现实却是，浩博的天没有聊到安寒心里，他自顾自地说着，不去了解安寒的心理动态，不去聊安寒想聊的话题，这样鸡同鸭讲的聊天方式无疑不能塑造一个美妙的聊天氛围，能给安寒留下一个好的印象才怪。

约会的目的是什么？是让彼此的关系继续发展下去，最终结出爱情的果实。自然地，唯一的方法就是不断接近对方。只有缩短心理距离，你们才能彼此熟悉，从而建立感情。这也就意味着，约会不仅需要一颗真诚的心，一种诚挚的情，更需要制造一种轻松愉快的氛围，拉近两个人的心。

那么，如何拉近两个人的心呢？看看一位男孩的做法吧。

一个男孩和心仪的女孩约会，结果因堵车迟到了，赶到时他连忙道歉。

女孩很生气，撇撇嘴："整整等了三十分钟。"

"别生气，我倒是等了30年才有缘与你坐一坐。"男孩说道。

女孩对男孩也是有好感的，否则不会答应约会。听到这话，她脸上的怒气消减了些。

"知道我为什么选择咖啡馆吗？"男孩笑着问。

"环境优雅一些吧。"女孩环顾四周，回答。

"不是。"男孩说道，"如果下午不喝咖啡，我将心力枯竭，像是一块干瘪的烤羊肉。"

听了这句幽默风趣的话，女孩笑出了声音。

……

这次约会气氛融洽，大家显得很轻松。

"今天和你聊天真愉快，但我觉得自己会失眠。"男孩耸耸肩，说道。

"为什么？"女孩不解地问。

"每一次深入的交流，都好比一杯提神的黑咖啡，会让我难以入睡。"

经男孩这么一说，女孩的脸顿时红了，却也不由得笑了。

这次约会为什么成功？就在于，男孩的语言幽默风趣，塑造了美妙的聊天氛围，让人感到轻松快乐，怎能不受对方亲睐呢？

想要撩走女神的心，关键就在聊。把握好每一次约会，塑造出一个良好的聊天氛围，就能不知不觉产生美妙的感觉。

和相亲的时候一样，我们可以与女神聊聊她喜爱的话题。什么样的话题才是女神喜爱的话题？这一点因人而异。我们可以回想女神平时的爱好，或者留心观察女神的行为举止，或者仔细聆听女神说的话，从这些方面入手，找到女神喜爱的话题，用这些话题去聊绝对能塑造不错的聊天氛围。

我们还可以说一些赞美女神的话。不管是谁，听到赞美都会心情愉悦，女神也不例外。比如，我们可以赞美女神的穿衣打扮"这条裙子和你很配，显得你更有气质了。""你的出现总会让我眼前一亮，心情顿时大好"……女神听了自然心情愉悦，好的

聊天氛围自然而然也就能诞生。

不会情感互动，小心分道扬镳

使爱情拥有长久和顽强的生命力，需要双方精心经营才可以维持。

谈论到使之长久之计，看起来挺深奥的，可一旦悟透了其中的道理，其实却很简单，概括总结起来就是：情感互动。这个问题很简单，两个人在一起的时间久了，尤其是婚后，会褪去原有的激情，慢慢归于平淡，还有可能产生厌倦之感。为了避免这种情况的发生，我们需要营造欢乐的气氛。

俗话说："打是亲，骂是爱，不打不骂不相爱。"我们所说的"情感互动"，不是声嘶力竭地对骂，更不是针锋相对的争吵，而是一种独特而甜蜜的语言互动。明明是在斗嘴，却又能让彼此之间变得更加甜蜜。

中国台湾女作家玄小佛的短篇小说《落梦》中就有这样一段关于恋人之间的斗嘴描写：

> "我真不懂，你怎么不能变得温柔点。"
> "我也真不懂，你怎么不能变得温和点。"
> "好了……你缺乏柔，我缺乏和，综合地说，我们的空气一直缺少了柔和这玩意儿。"
> "需要制造吗?"

"你看呢?"

"随便。"

"以后你能温柔点就多温柔点。"

"你能温和些也请温和些。"

"认识 4 年，我们吵了 4 年。"

"罪魁是戴成豪。"

"谷湄也有份。"

"起码你比较该死，比较混蛋。"

　　看完这段话之后，相信不少人会不由地想发笑。从这段描写中就能看出，恋人之间这种斗嘴互动，与普通的争吵是全然不同的，彼此仿佛在指责，却又似乎在依赖，像是针锋相对，偏偏又透着些缠绵悱恻。如同一场有趣的语言游戏，在彼此的宽容和相知中，不断竞赛又不断纠缠。

　　所以，平时不妨和另一半多多互动，享受斗嘴的妙趣，这比任何甜言蜜语更能加深彼此的感情，相信你们的相处定是妙不可言的。

　　权剑和霍敬就是这样一对"欢喜冤家"，两人从刚认识就开始了唇枪舌剑地较量，谁都不肯服输。我们这些朋友都没想到，两人最后能走到一起，而且还结了婚。

　　虽然已经携手步入婚姻生活，但权剑和霍敬的互怼生涯从来没有结束过。互相拆台几乎已经成了这对夫妻默认的相处模式，并且还乐此不疲。

　　有一段时间，因为受到金融风暴的影响，霍敬不幸加入了裁员大军，在家里待了一段时间。看着老婆成天无所事事，自己却忙得跟狗一样，权剑难免有点儿心理不平衡，便出言讽刺道："傻人有傻福，真羡慕你现在无事一身轻，不像我，现在公司哪里都离不开，想休息都休息不了。"

　　霍敬也不甘示弱，冲着权剑眨眨眼睛说道："要是不傻，怎么能嫁给你呀？放心吧，我可没打算指着你一辈子，等我找到工作了就让你瞧瞧，我可比你抢手多啦！"

　　听了霍敬泼辣又幽默的一席话，权剑心里那点不快早已烟消云散。

　　还有一次霍敬失手打碎了一个盘子，权剑瞥了她一眼，佯装生气地说道："人们都说猪很笨，瞧瞧你，笨起来的时候和猪似的！"

　　霍敬也不生气，瞧着权剑轻描淡写地答道："看来这么多年你口味挺重，都跟我睡一块呢，不知道您老又是什么东西？"

　　虽然两人很少说肉麻兮兮的甜言蜜语，但唇枪舌剑的感情却一直经历着大风大浪的考验。有闺蜜私底下问过霍敬，有权剑这么一个嘴损的老公，不会觉得憋屈吗？可霍敬却笑嘻嘻地说道："他要不嘴损，我还不一定嫁给他。要是能这么热热闹闹地怼上一辈子，我倒觉得特别有滋味。"

　　再好听的情话都有听腻的一天，再多的话题也都有说完的时候，反而像权剑和霍敬这样吵吵闹闹，唇枪舌剑的小日子，才更能过得细水长流，有滋有味。

既然恋人之间充满情趣的斗嘴可以定性为一种语言游戏，那么必然也是需要遵循一定规则的，否则若是缺少了约束，把握不好尺度，将斗嘴发展成争吵，那就得不偿失了。

为了避免这种情况的发生，即便是斗嘴的时候，我们也要懂得谨言慎行，

当双方心情愉悦时，情感互动才能成为一种情趣。若是在对方心情不佳时，耍嘴皮子开玩笑只会让人心情更为烦躁。所以，在与恋人斗嘴的过程中，我们一定要留意对方的情绪变化，当发现对方的情绪波动已经超过正常的范畴时，一定要懂得及时打住，以免把逗弄变成嘲讽和伤害。

沟通中有一个原则叫"浅交不可深言"，这个原则同样适用于谈恋爱的男女之间。恋爱是一个循序渐进的过程，每一个不同的阶段，恋人之间的感情深浅也是有所不同的，对话题的接受程度自然也会有所不同，所以不管聊天还是开玩笑，要保证交流能愉快地进行下去，就得把握好尺度。

假如恋爱双方已经有了深厚的感情基础，对彼此也有了较为深入的了解，那么在斗嘴的时候自然可以嬉笑怒骂，随意一点。但如果感情还处于一个朦胧的试探阶段，那么在斗嘴时就要尽可能挑选一些安全的话题或调侃切入点，千万不要说出伤害对方尊严的话，以免触碰到对方的底线。

例如，当你和男友斗嘴时，千万不可说出这样的话："你和你妈妈一样难看！"心胸再宽广的男人听到这种话，也会内心不满。你可以换种方式说："你妈妈那么漂亮，怎么生下你这种丑

丑的小怪物？"这时候，男友一定也会笑着回答"我是长得不好看，但你还不是被我的魅力所吸引？"

恋人之间的斗嘴是一种情趣，虽然少不了唇枪舌剑的交锋，但一定要懂得放下争强好胜的心思，该打住时要打住。这往往能够给人以美好的感受，使人在莞尔一笑之时，深深地体会到一份来自心底的温馨和关爱，进而更能创造出轻松愉快、富于情趣的爱情生活，增进双方的感情。

一旦你掌握了这些沟通技巧，便能在情场上叱咤风云，所向无敌。

做个醋坛子，装满你的爱

在爱情生活中，"醋"绝对是不能缺少的"调味品"。喜欢过分吃醋的恋人固然容易让人厌烦，但完全不懂吃醋的恋人就能让对方快乐吗？不！没有爱，哪来的醋？

在一次聚会上，很多女人都在谈论自己的丈夫，担心男人被外面的花花世界迷了心智。唯独周昕一言不发，因为她相信自己的丈夫。周昕和丈夫铭恩经过 10 年爱情长跑之后携手步入婚姻的殿堂，婚后小两口感情依旧非常甜蜜，经常一起手拉手去逛街，有这么深厚的感情她自然不会疑神疑鬼。

男人本就是视觉动物，看到漂亮的女人时，哪怕没有什么别的想法，也会下意识地多注意几眼，铭恩自然也不例外。以前刚谈恋爱的时候，周昕时不时因此闹情绪。现在两人感情稳定，婚也结了，周昕一方面很相信铭恩，另一方面也不想让自己显得无理取闹，所以对这事也就不怎么计较了。

当别的女士给铭恩打电话时，周昕会平静地把电话递过去，她心静如水，从不打听是谁打的电话，他们是什么关系？

周昕觉得这样的自己很大度，铭恩一定会感恩于心。但却发现，以前铭恩并不喜欢和朋友去酒吧玩，但现在时不时地也会答应邀约，而且完全不避讳周昕；以前他每次接电话都不会压低声音，现在一接电话就遮遮掩掩；以前他电脑上的 QQ、邮箱几乎都是"记住密码"模式，现在却得自己输入密码才能登陆……

铭恩的这些变化周昕看在眼里，一方面她的心里开始有些不安，担心丈夫在背着自己做坏事，或者有了外遇；但另一方面她又不断安慰自己，生怕自己胡乱吃醋的行为伤害到夫妻间的信任和感情。可是，周昕越是表现得若无其事，铭恩却反而越是变本加厉，这让周昕陷入了痛苦和纠结之中。

不得已，周昕只得偷偷找到铭恩的一个铁哥们，变着法地打听铭恩最近的情况。铭恩的哥们一看周昕的样子就明白这对小夫妻在干什么，笑着说："什么事都乱吃醋的女人固然让人觉得不懂事，但对什么都不吃醋的女人，也是很伤害男人的自尊心的。你们家铭恩这是被你的贤惠大方伤到自

尊啦！他说你从来不计较他和别的女人有什么联系，不会吃醋，不会生气，一副无所谓的态度，猜想你或许是已经不再爱他了，他不知道到底要怎样做才能让你在意，所以……"

了解到铭恩真正的心意之后，周昕不禁哑然失笑。

"吃醋"，是一种对对方最好最纯朴的爱的表达。一些人之所以表现出来不吃醋，大多是因为他们时刻都在用内心的忍耐、宽容和大度在稀释它，但是这样的大度在对方看来，却是一种不爱自己、不在乎自己的表现，认为自己的魅力不够，两性乐趣必定大打折扣，生活必然平淡寡味。

如果你的恋人从不因为你的任何行为吃醋，相信你的内心也是非常失落的，怀疑对方是否在乎你。所以，对于婚姻和爱情中的人来说，"醋"是一定要吃的，而且还得认认真真和光明正大地吃，这样你才能将自己的爱意传达给对方，让对方感到自己在你心中的重要地位，进而稳固关系。

一对男女正在公园里约会，周围不断有人经过。

看着来来往往的行人，女孩突然低声地说："前面那个哥哥好帅，是我喜欢的类型。"

男孩的神情一下子变得紧张，但却装作不在乎地撇撇嘴："哼，我没有觉得帅。对了，听说我们公司下星期要来一个美女，我一直很期待呢。"

一听这话女孩不乐意了，嚷道："不许你打别人的主意，你要发誓只爱我一个。"

男孩耸耸肩，"凭什么你能看帅哥，我就不能看美女?"

女孩生气地扭转头："我就知道你不爱我了!"

"好啦。"男孩一把拉住女孩的手，"看在你这么在乎我的份上，我发誓，我只爱你一个，以后绝对不会看其他的女孩。"

女孩一下子转怒为喜……

这是一对让人羡慕的情侣，他们的二人世界一定非常有意思。

我们常说恋爱要有情调，"情调"这两个字，指的就是一种两人之间那种轻松愉快的氛围，这种情调会让彼此感觉到待在一起是那么舒服惬意。而吃醋就是这样一种"调味剂"，能让感情再次变得有滋有味起来，但你一定要掌握好吃醋的尺度，吃到恰到好处，不酸不淡才是最好的境界。

切记，吃的是醋，亮出来的是爱。

吵架怎么办? 在线求解答

曾经有一位著名的心理学家做过调查，一百对吵架的人中，有一大半是男人与女人间的争吵，余下一小半是男人与男人、女人与女人间的争吵。

为何男人与女人间的争吵占如此大的比例呢? 这是因为男人

和女人是两种不同的物种。比如，男人通常会全面看待问题，会理智地思考。女人则会重视个人感受，偏向于感性地去思考，两种截然不同的看待问题、思考问题的方式，注定男人与女人之间更能碰撞出剧烈的火花。又因为人在情绪激动时控制不住自我，而争执又是发泄充沛情绪的方式之一，吵架就成了必然。

回想一下，你是否和爱人因为一桩很小的事情，一句话，甚至一个眼色或动作产生争执与矛盾，爆发尖锐的冲突，闹得彼此都不愉快。千万别一听到吵架就如临大敌，觉得两人的关系即将破裂。锅勺相碰是寻常事，唇齿相依也会磕伤。出现吵架的情况并不可怕，可怕的是不能正确应对。

谷诚是我的好友，上大学时他交了一个女友，非常漂亮有气质。不过，两人刚确定关系没多久就大吵了一架，并且是当着很多朋友的面。

记得那天，谷诚约我们几个好友出去吃饭，目的是向我们介绍他的女朋友。我们汇合后，便商量着去哪里吃饭。谷诚的女朋友对学校附近的美食比较熟悉，所以非常积极地提建议，她说："这附近有一家烤肉店，味道特别正宗，我们宿舍一起去了好几次，咱们就去这家店吃吧！"

说真的，我们这些朋友去哪吃无所谓，谷诚和女友做主就好。不过，谷诚并没接受女友的提议，他毫不犹豫地拒绝说："不好，你们女孩吃烤肉还行，我们根本吃不饱。"

谷诚的女友听后没多在意，又继续提议："那我们吃火锅好了，人多吃火锅热闹，正好这里有一家口碑不错的火锅店。"

谷诚摇头说："我们经常吃火锅，一点新意也没有。"

谷诚的再次拒绝，让女友收敛起了脸上的笑意，隐约有些不悦。她面无表情地再一次提议："烤肉不吃，火锅也不吃，那就去吃川菜好了。"

谷诚一听川菜，想也不想又拒绝了，"他们有人不喜欢吃辣。"

接二连三的拒绝让谷诚的女友感到难堪的同时，心头的火气也蹭蹭往上冒，但基于良好的修养，她并没有立马与谷诚翻脸。她转向我们几位朋友，笑着对我们说："非常抱歉，很高兴认识你们。不过，我想起来我还有点事情需要处理，你们几个先聚一聚吧!"说完，转身就走了。

这下，我们都看出谷诚的女友生气了，纷纷说吃什么都好。谷诚也反应过来，跟我们几人说了一声抱歉，立马追了过去。

谷诚刚拉住女友的手，就被对方甩开了，然后就是两人的争吵声：

"你来追我干嘛?去吃你的饭吧!我管你吃什么。"

"今天是咱们请人吃饭，你这个女主人走了，像什么样子。"

"谁要当女主人了?我跟你说，我俩分手，你离我远一点。"

……

两人走了老远，依稀还能听到他们的吵架声，我们面面

相觑，觉得谷诚和他女友会分手。然而，令我们大跌眼镜的是，谷诚不仅没有和女友分手，没过十分钟，两个人说说笑笑着就返回来了，然后带我们去了一家高档的自助餐厅，两人全程都一副恩爱有佳的模样，关系似乎又进了一步。

我们很好奇谷诚是怎么和女友和解的，毕竟当时两人吵得那么厉害。谷诚说："我和她本来就是因为一点小事争吵的，错在我的态度有些生硬，后来我二话不说任她指责了一番。情绪这东西，它来得快，消失得也快。等她气消失得差不多了，我便和她提议去吃自助餐，一来可以较好地处理众口难调的问题，所有人都能吃到自己喜欢的食物；二来自助餐厅轻松愉快的氛围适合聚会，女主人也不会太累。就这样，我们的争吵自然而然就和解了，而且她还跟我说她也有错。"

婚恋中的两个人不可能一直都和和美美，期间会发生各种各样的争吵，绝大多数时候争吵的火头是因为一件小事引起的。此时，没有必要严肃认真、正儿八经地理论，心平气和地好好说，还怕两人沟通不好吗？何况，情侣和夫妻之间本来就没有什么大不了的事情，也没有绝对的谁对谁错。

具体来说，化解争吵有三个阶段：

第一阶段是，你要做一个受气筒。正所谓有气不出憋得慌，任何一个人在与人吵架时，情绪都是高昂的，急需找一个地方发泄，只有当多余的情绪发泄过去，才会恢复理智，才会认认真真地想一想为什么会争吵，争吵值不值得。当对方情绪激动的时候，如果你能及时控制自己的情绪，尤其是男士，不管对与错，不辩解，不争执，相信对方也会做出下意识收敛怒气的反应。

第二阶段是道歉，当彼此的情绪平复得差不多，确定可以听进他人的话语后，不妨先从自身找出原因所在，向对方道歉。道歉的目的是要让对方知道你在示弱，你是出于维护这段感情的目的。此时的态度一定要诚恳，绝不能有一丝丝的敷衍，这会帮助对方脱离负面情绪的掌控，理智地思考。

第三阶段是为自己解释，如果你确信自己有正确的地方，那么将你的理由摆出来，从客观公正的角度去分析。任何事情的对与错都是有理由的，每一个理由都要有条理性地说出来，这样才能更好地说服对方，进而消减对方的怒气。此时，不要强求对方的道歉，感受到对方的歉意即可。

天下没有从不吵架的情侣，爱情就是在一轮轮吵了又和，和了又吵的循环中升级的。所以，当和爱人发生冲突和矛盾时，你实在不必为此感到烦恼、紧张，不妨多运用一些沟通技巧，在尊重对方的前提下，努力营造一种轻松舒适愉悦的氛围，以此来调剂生活，必然别有一番风味。

退一步说，人与人之间培养感情，通常是从说话开始的，你来我往的对话间，一点点了解彼此，一点点渗透对方的思想、灵魂。只要彼此之间还有话说，还愿意对话，那么即便是争吵，也至少意味着彼此还不至于两看相厌，还能在你来我往的废话中执手相望，感情还有重建、回旋的余地。

与爱人在一起，宁愿争吵，也好过无言以对。

　　伟大的哲学家、诗人尼采曾遇到过一名女子，他们彻夜长谈，不觉疲惫，似乎有着永远也说不完的话。于是尼采立即便向这位女子求了婚，因为这是他遇到的第一个如此"聊得来"的女人。可惜最终，两个人因为种种原因发生争吵，这段爱情并没有一个圆满的结局，那名女子还是离开了他。

　　此后，尼采都没有再遇到一个能和自己有这么多话聊的女人。为此，尼采留下了这样一段话："婚姻生活犹如长期的对话——当你要迈进婚姻生活时，一定要先这样反问自己——你是否能和这位女子在白头偕老时，仍然谈笑风生？婚姻生活的其余一切，都是短暂的，在一起的大部分时光，都是在对话中度过的。"

　　在茫茫人海中，遇到一个有话聊的人确实不容易，尤其是在朝夕相对之间，再多的话题也都有结束的时候。两个人之间，最怕的不是争吵，而是沉默。若是到有一天，两个人相对无言，连吵都懒得吵、连话都懒得说，那么这段感情大约也就只能在沉寂中消亡了，那该是多么悲哀的事情。

第八章
当年这么讲话的人，
到现在还是职场萌新

社会如染缸，职场如战场，一个人要想保全自己，有所作为，就要会说话，懂沟通。让周围的人看得惯你，心不妒你。你才能赢得领导的器重，从而获得更多机会。

职场，从来不是个较真的地方

在职场中摸爬滚打，我们每个人都难免会遇到让自己感到憋屈，甚至有苦难言的事。此时，你会如何与人沟通呢？据我观察，不少职场人为了维护自己的面子和利益，为了眼前一时的输赢，会选择跟同事、上司，甚至老板拼命较真，最后却落下了因小失大，赢了面子输了里子的亏本事。

米娜做什么事情都很有自己的原则，眼睛里容不得半粒沙子，她会把是非分得非常清楚，还特喜欢和人较真，受不得丁点儿气。只要是被别人伤害了，就会毫不犹豫地还回去。好在米娜工作能力确实比较强，一直深受老板器重，所以即便得罪了不少同事，公司的其他人依然会给她几分薄面。

有一次，米娜为了跑一个单子，和客户接触了很久，下了很多工夫，终于还是把单子拿下了，双方约定好等客户最后的电话确认。

但是，十分不巧的是，客户打电话到公司进行最后确认的时候，米娜有事不在，是公司文员接的电话。本来这也不是什么大事，只要文员把情况告诉米娜，米娜再带着合约去找客户一签，这笔生意也就做成了。可偏偏文员居然把这事

给忘了，压根就没转告米娜。这个纰漏说大不大，说小也不小，如果客户能再打电话确认一次，或者米娜主动和对方联系一下，那么也没有大碍。可偏偏那两天米娜正忙着处理别的单子，而客户也没有再打电话过来联系，于是这事就给耽搁了。

三天之后，由于一直没有等到客户的确认电话，米娜才赶紧打电话过去询问，结果才知道人家早就打过电话来，可没人转告自己。而就在前一天，恰巧另一家公司和这位客户接洽，条件和米娜公司开出的不相上下，加之米娜一直没联系，于是客户就和对方签了约。

米娜一听就火了，直接在公司把矛头指向那位工作疏忽的文员，对着她劈头盖脸一顿骂。本来这位文员心里也是挺愧疚的，毕竟如果不是自己办事不仔细，这笔生意也不会黄。可是一见米娜这一副得理不饶人的态度，小姑娘心里也火了，当即就和米娜争执起来。虽然米娜是老板看重的人，可这位文员也不简单，她不仅是名牌大学的在校生，而且还是老板的侄女，来这工作是为了实习锻炼。

看着得力助手和侄女直接在公司上大吵大闹，老板也很无奈，大声制止了好几次，并且还陪着笑脸劝米娜大人不记小人过。谁知一见老板制止，米娜火更大了，不仅没有冷静下来，反而当众斥责公司风气差，老板任人唯亲。老板大怒，当即直接下令让人事部把米娜的工资结了，让她另谋高就。

客观来说，这次事件确实是文员工作疏漏所导致的，她也的确应该承担责任，但米娜咄咄逼人的态度也的确十分不妥当。而且，她冲文员发火也就罢了，竟然还把怒火牵扯到老板身上。再说，即便老板真要维护侄女那也无可厚非。

职场生存策略，最关键的一条法则就是别太较真。我们常说做人做事要像弹簧一样，能屈能伸方能成就大事。尤其是在面对后台比你硬，背景比你强大的人时，能"伸"却不能"屈"的人，则必然处处碰壁，难有出头之日。要知道，官大一级压死人，这一点无论在哪里都是一条铁律。

何况，人都有七情六欲，会被各种各样错综复杂的关系牵绊，会有自己的主观好恶，也会有情感的偏向，不可能事事都做到绝对公正。所以，在职场里混，一定要有所觉悟，不管遇到什么事情，哪怕再委屈、再愤怒，也要懂得控制自己的情绪。

苏澳在一家机械设备公司做销售工作，由于是淡季，销售状况不好，主管大概有一个多月没有销售记录了，恰好苏澳电话销售了一个产品。谁知，主管向经理上报工作业绩的时候，却把苏澳的销售业绩划到了自己的名下。遇到这种事情，任谁都会气愤的，但苏澳并没有气恼地和主管理论。

其他同事知道实际情况后，纷纷替苏澳打抱不平，有人说苏澳性格太软弱，有人劝苏澳去和经理说个明白。但苏澳却笑着摇摇头说："我刚来公司的时候，是主管一直在带着我，我现在学到的都是他亲自所授，所以我的成绩就是他的成绩，这也无可厚非。而且我相信，主管也不是有意

为之。"

这一番话传到了主管耳朵里，主管被苏澳的心胸所感悟，直接敲开了经理办公室的大门，向经理说明了事件的原委，给苏澳加了业绩提成。

会沟通的聪明人是绝对不会选择与人较真的，尤其是和比自己位高的人，因为自己的去留掌握在对方手中，他们清楚自己的身份和地位，也知道这样做的后果有多么严重。

清朝的郑板桥曾说过，人生在世，难得糊涂。意思就是说，聪明难，糊涂难，由聪明转入糊涂更难。

在沟通过程中，何必把利益得失看得那么重呢？何必为了分清谁占便宜谁吃亏而伤害感情呢？有时候不必太较真，该糊涂的时候不妨糊涂，只有糊涂才能化解纷争和矛盾，才会有更多的人愿意和你交往。到最后，你不但没有什么损失，反而会获得更多，这就叫做"放长线钓大鱼"。

耍大刀，小心吧！

多年前，我曾在一本书里读到这样一则故事：将军大卫在前线立了大功，与国王扫罗一起班师回朝，欢呼的人群高喊"扫罗杀敌千千，大卫杀敌万万"，大卫听了非常高兴，与人们载歌载舞，玩得不亦乐乎。而扫罗却非常不高兴，他感到大卫已经威胁到了自己的王位，决定派人追杀大卫。

国王扫罗为何要追杀大功臣大卫呢？以前我觉得国王心胸狭隘，但随着年龄的渐长，渐渐领悟到大卫也有错。

朋友展博就是因为不懂这一点，遭遇了"职场滑铁卢"。

展博是一家家电公司的业务销售，他虽然刚参加工作，但踏实肯干，虚心好学，很快就掌握了销售方面的业务，并谈成了几笔生意。老板见他是棵好苗子，便打算好好培养他，于是每次洽谈重要业务都会带着他。

为了表现自己，展博每次都会打扮得精神抖擞，光鲜艳丽。而且与老板接见客户时时，他总是习惯走在老板前面，第一个迎上去和客户打招呼。结果，客户往往会把展博当成老板，这让老板感到很尴尬。后来，老板对展博"另眼相待"了，再有业务外出也不要他陪同了。

渴望在职场积极表现自己，渴望得到升职加薪的好事，这本是人之常情，但如果不懂得收敛自己的"聪明"，甚至有意抢他人的风头，那么就算你各方面都很优秀，他人也不会对你有好感，大部分发展机会也就与你无缘。毕竟，被别人比下去是令人恼恨的事情，而这一行为也有损他人的权威。

决不能出风头，聪明的人深知这一点，所以他们从不会让他人感到不安，而是让他人知道自己只不过是其手下的一个得力干将，必要的时候他们还要主动贬抑自己，把荣耀的桂冠戴到他人头上去！

阿良是公司新来的收发员,在公司大楼一层的房间办公。每天收到快件之后,阿良都要进行整理,然后分类送到各个领导的办公室。也因为这样,所以在乘坐电梯送快件的时候,阿良常常都会遇到公司的领导们。

阿良非常机灵,记性也十分不错,进公司不久就基本上把所有领导的姓氏和头衔都记住了,每次遇到领导的时候,都会主动和他们打招呼,帮他们按电梯楼层,公司上下的人都很喜欢这个机灵的小伙子。

一次,阿良和往常一样准备送快件上楼的时候,恰巧在电梯里遇到了公司老总肖总。肖总一进电梯,阿良就赶紧礼貌地问道:"肖总您好,您是要去八楼吗?"

肖总对阿良有些印象,也听其他管理人员提起过他,于是就笑着反问了一句:"怎么,你这天天都给我办公室送快件,还不知道我要去几楼?"

要是别人听了这话,可能已经赶紧向老总道歉,顺便再殷勤地表现表现,好让老总发现自己的机智了。但阿良不紧不慢地笑着说道:"虽然我知道您的办公室在几楼,但我并不清楚现在您是打算回办公室,还是准备去其他的楼层办事,所以不能自作主张帮您按电梯,还是请示您一下比较靠谱。"

听完阿良的话,肖总心里甚是舒坦,满意地点了点头,应声道:"八楼。"

不久之后,因为业务扩张,公司人手不足,肖总准备给自己多招一名助理。消息发布之后,许多员工都开始想尽办法往肖总身边凑，恨不得能被肖总一眼看中，从此平步青云。但谁也没想到的是，最后居然是阿良接到了公司的通知，晋升为肖总的助理。

许多人都感叹阿良运气好，对此阿良笑而不语，他很清楚，自己之所以能入了肖总的眼，并不是因为自己运气有多好，或者头脑有多聪明，而是因为自己懂得在适当的时候保持一点儿"愚钝"。恰恰正是这种不自作聪明的"愚钝"，才让他顺利入了肖总的眼，一旦有好机会自然就会想到他。

不得不说，阿良才是真正的聪明人，他很清楚自己的聪明应该用在什么地方，也很聪明在什么时候应该学会收敛这些聪明。更重要的是，绝对不会肆意揣测领导的心思，搞得好像什么都能摸透一般。这样的员工无疑是领导最喜欢的，正是这种识时务的"愚钝"，让阿良打动了肖总并获得赏识。

人人都想成为引人注目的中心。所以请牢记，在职位比自己高的人面前，千万不能自作聪明，即便你的确智商超群也要懂得收敛，懂得进退适宜，把焦点让给他人，才能赢得更多的发展空间。

折别人的面儿，不是刚直是幼稚

在工作中，领导不一定永远都是对的。面对领导工作中的不足，一个称职的员工应该及时地指出。但由于不懂得聪明的沟通

方式，不少人通常会出现三种非常不恰当的表现。

第一种，照本宣科，根本不考虑可能存在的错误或纰漏。

第二种，阳奉阴违，当面一套背面一套。

第三种，据理力争，把幼稚当刚直。

朋友嵩明在一家创业公司做市场专员，为了更好地发展公司，最近老板召开了一场全体员工会议，提议开展批评与自我批评工作，而且老板决定先拿自己"开刀"。

一开始没有人说话，虽然大家私底下对老板并不满意，也不乏对正在缩水的奖金和许久不见涨的工资颇有微词，但是真要摆到台面上说，大家都有些犹犹豫豫。

嵩明见老板很有诚意，犹豫了一会，第一个站了出来，非常认真地提了几条意见，诸如"作为领导，您的专业能力有待提高""您考虑得不周全，公司的各项制度不完善"……

当众被员工如此批评，老板心里有点不爽，但不好现场发作，只能赶鸭子上架，口头表扬了嵩明并号召大家向他学习。但是自此却对嵩明态度很冷淡，"嵩明这个员工平时看着对我挺尊重的，原来对我的意见这么多，指不定他私底下经常如此抱怨呢，真是知人知面不知心，我对他热情不起来。"

此事过后，嵩明也觉得很委屈，甚至计划辞职。

事情为什么闹到这个地步？就在于嵩明的批评方式错了，

他不懂"直言有讳"的道理。所谓直言，自然就是说真话，有意见就提意见。所谓有讳，就是讲究方式方法，不能傻乎乎地直接批评。

在人际沟通的各种类型中，批评别人是最难的。

不过，那些擅长沟通的聪明人都明白这个道理，当他们在面对上级下达的某些让人不满或不认可的命令时，往往会选择委婉地规劝，在不激怒老板的情况下提出自己的建议，或以更成熟更稳妥的方式展开执行，尽可能让事情得到皆大欢喜的结果，如此也就不会让自己陷入到被动的僵局中。

通常来说，他们所采用的方式包括以下几种：

先表示肯定，然后再提意见

"这样的想法确实很特别，要是我肯定想不出来。不过，我也有一些其他看法……"先对领导的决策表示肯定，先认同领导观点的合理性，将话题引导到能够使对方感觉愉悦的方向，然后再趁机用"但是""不过"这样的转折词来进行转变，巧妙地提出自己的意见，这样更容易被领导接受。

提出风险，让老板自己动摇

人都是趋利避害的，老板也是一样，而且比一般人更加懂得防范风险。"做出这样的决定需要很大的勇气和魄力，真是险中求胜啊！"这句话说得是非常有技巧的，既委婉地向老板传达了这一决策需要担待较高的风险，又维护了老板的面子，不会让老板感到难堪，自然就会认真考虑你的话。

用假设性暗示提醒老板

老板一般都是比较自信的，基本上自己打定主意以后就不

会改变。而且，他会想法设法反说服，只想让别人接受自己的观点。这时应该怎么办？如果一味地指责老板的错误，说不了几句就把天聊死了，根本谈不上有什么共识。其实相比于苦口婆心去说服，不如用假设性的暗示提醒老板。

"假设按照这种方法执行，那么，我们接下来可能会面对……"利用假设性的表达方式可以很大程度上缓和话语的攻击性，同时也给予老板一个较为准确具体的提醒。

不管怎么说，无论你愿意还是不愿意，甘心还是不甘心，职位的高低就注定了职场上的发言权和决策权归属。而且不管怎么样，既然老板能够身居高位必定有过人之处，值得尊重。所以，尽可能用对方能够接受的方式来表达想法，既能显示出你的尊重，也能将危险降至最低。

瞎搞笑，你真是没想好

假如有一天，你遇到这样一位领导，他理解你、肯定你、信任你，和你一起聊天聊地聊生活，把你当做兄弟姐妹一样，完全没有领导架子。你会不会随心所欲地与之交流起来？

小心，一些话说出口之时，往往就是被领导发配"边疆"之时。或许下属拿他开玩笑时，他面上嬉笑，毫不介意，但内心却很气愤。如此，你在这个企业里的职业生涯算是走到头了。

这并非危言耸听，以下是发生在一个朋友身上的真事：

大学毕业之后，邵奇在一位学长的推荐下进入一家传媒公司工作。

邵奇勤快能干，再加上脑子灵活，深得上司的喜欢。上司刚三十出头，比他也大不了几岁，为人风趣幽默，从来不在大家面前摆架子，平日里还常常和邵奇他们一块吃饭聊天开玩笑。自然而然地，邵奇渐渐把上司也当成了朋友，相处中多了几分随意，甚至时不时还会开玩笑似的对上司调侃几句。

有一次，上司穿了一身新衣服去公司，大家都夸新衣服衬托得上司更高大帅气了。当时邵奇就站在上司旁边，笑嘻嘻地打趣上司："哟！今天打扮这么帅气，是不是想给我们找个新嫂子。"当时上司脸色变得有些难看，但邵奇并没有放在心上，只当是和平时一样的玩笑，转头就给忘记了。

还有一次，上司因为连续加了几天班，晚上没有休息好，眼睛四周有了黑眼圈。邵奇发现后，当着其他同事的面就调侃开了，"怎么顶着两只熊猫眼就来上班了？不会是嫂子给你施行家法了吧？"上司铁着脸没有搭腔。

见上司对自己的态度越来越冷淡，而且还时不时找理由训斥自己，邵奇感到困惑不已，他根本不知道自己到底什么时候得罪了上司，做了什么错事。

邵奇把自己的苦恼向学长倾诉了一番，学长虽然和邵奇不在一个部门，但对于邵奇平时的表现多少也知道一些，想了想之后便直接指出："领导就是领导，他可以不在下属面前摆架子，但这不意味着下属就能忘记他的身份！对领

导的尊重，永远不能丢。"

听了学长的话，邵奇若有所思，之后在和上司的相处中也迅速摆正了自己的位置，只等着上司心里那口气赶紧消下去。

对领导的尊重，时刻不能丢。即便是开玩笑，也应当恭敬有余。

有一则经典的历史故事，就是最好的证明。

明太祖朱元璋年少时因家境贫苦，给地主家当过放牛娃，也结识了一些儿时的玩伴。后来听闻朱元璋称帝，有两位玩伴就想来讨个一官半职当当，沾点皇帝的威风。

一位玩伴仗着自己是当今皇帝的发小，大摇大摆地走进金銮殿，见到朱元璋不但没有行礼跪拜，反而调侃起朱元璋小时候偷人家土豆吃差点被噎死的事情。当着满朝文武的面，这让朱元璋的脸面何存？皇帝的威严还怎么树立？一气之下，朱元璋将这位玩伴砍了头。

另一位玩伴则比较聪明，懂得怎么说话讨朱元璋高兴。他一见到朱元璋就主动行礼跪拜，虽然也提及朱元璋小时候吃土豆差点被噎死的事，却说得有趣又不失礼数，还把朱元璋猛夸一顿，"您自小就聪明能干，大难不死必有后福……"结果还没等这位玩伴提官的事，朱元璋就给他安排了美差。

同样的一件事情，换一种说法，往往会获得不同的结果。

不管领导有多么好说话，有多么没架子，我们都要摆正自己的位置。在与领导聊天时，一定要有上下级观念，一定要约束自己的言行，给予领导该有的尊重，不能随意地拿领导开玩笑。就算要开玩笑，也要讲究合适的方法和尺度，说一些无伤大雅的幽默笑话，让气氛轻松愉快即可。

想涨工资，你得找准说话的时机

工作一段时间后，相信不少人都会为怎么和老板谈涨工资而苦恼！

虽然我们一直强调，提加薪就得主动出击！但凡是向老板提加薪，就能如愿以偿吗？这是不可能的。根据我的调查，绝大多数人在向老板提出加薪时，都会被老板三言两语打发走，加薪之日遥遥无期，甚至有些人还会因此被老板解雇，只有极少数的人向老板提加薪时能达到目的。

这里的奥秘就在于，你得找准说话的时机。

陆祥人高马大，身手不错，被一家物业公司聘为保安。他进入公司没多久，就遇到了一个特大盗窃团伙，凭着真功夫，硬是将盗贼抓获，让公司没有损失。老板非常高兴，为了奖励陆祥英勇无畏，将他的薪水提高了一倍，这让陆祥高

兴极了，工作起来更加兢兢业业。

五年过去了，公司的安保工作滴水不漏，从来没有出现偷盗、闹事等事件，陆祥不敢说这里面所有的功劳都是他的，但至少有七分的功劳是他安保工作做得好。看着物价上涨，其他公司的保安的薪水与他差不多高时，陆祥不仅萌生了想让老板加薪水的想法。可是前不久一位员工向老板提涨薪的事，却被老板一句话给顶回去了，"不是不给你加薪，是现在经济不景气，公司发展也不顺！"

聪明人都知道，老板的说辞只是借口。陆祥怕冒然开口也会被打发走，所以他一直在思考，怎样和老板说才会给他加薪。就这样，陆祥想了好几天。

有一天傍晚，陆祥碰到了老板，与老板寒暄了一番，才步入正题："老板，不知不觉我在公司工作已有五年。五年前我没来公司做保安前，听说公司三天两头被偷窃，隔三岔五就有人闹事，打从我接手安保工作后没有一起偷窃、闹事事件的发生。这么多年来，我兢兢业业，把公司当作我自己的家来守护。眼看着物价上涨，我的薪水没涨，家里老小对此颇有怨言，这让我好苦恼。"

老板仅思考了一会儿，就同意了陆祥的请求，涨了他的薪水。

陆祥之所以能够成功加薪，就在于他的这一番话说得很有技巧。他先表明他没在公司前和在公司时的安保情况，强烈的对比，让老板知道他的工作能力，然后又亲口说出自己工作上的努力，加深老板对其工作的认可。之后，他表达了自己对公司的情感，而公司对老板来说无疑是心血，听到陆祥把公司当作自己的家，好感蹭蹭往上涨。最后，他以物价上涨，以家人之口提出了加薪要求。

作为老板，在听到陆祥的加薪请求时，自然也权衡利弊了一番。他对陆祥的工作很认可，这样的安保人才，任何公司都想聘请，而他要将人留住自然要加薪。再加上陆祥表达了对公司的情感，加薪也不再那么让他抗拒。

职场本来就是一个博弈之地，在向老板提加薪要求时一定要掌握沟通策略和方式，要懂得合理表达你的想法，说明你的要求，让领导感受到你的价值，这样才能事半功倍！

在职场上，优势高、价值高，获得的薪水自然就高。如果你的老板不了解你的工作情况，也看不到你对公司的价值和贡献，提薪资问题很容易让老板反感，容易留下你在卖弄自己的印象。因此，在提加薪前你要了解自己的优势和价值，先让老板看到你的闪光点后，再水到渠成地提加薪。

一份耕耘一份收获，人才都应该得到和能力匹配的收入。倘若觉得现在自己的待遇与能力和付出不匹配，那么可以正大光明地晓之以理动之以情跟老板说。当然，最好事先调查所在城市同岗位的普遍薪水是多少，得出合理的期望值以求老板加薪，千万不要狮子大开口，否则会让人觉得你贪得无厌。

"不加工资我就辞职"，威胁是最不理智的方案，不少人在提加薪要求时会抱着这种想法找老板谈判，特别在公司需要用人的时候。但不要忘了，职场工作中谁都没有想象中的那么重要，

没有你一定还会有别人。老板当时可能没说什么，满足了你的加薪要求，但转头就会招人替代你。

最后，加薪的前提永远是建立在工作积极、表现不错的基础之上。努力才是硬道理。

话到嘴边留三分

在职场上，任何人离不开与人闲聊。闲聊是职场办公的人打发时间的主要形式。虽然闲谈看起来是微不足道的小事，有时却非常关键。新来的人通过闲聊可以快速融入一个集体，同事之间通过闲聊可以互相了解，增进感情。聊得好了，可以让一个人迅速成为同事们关注的焦点和中心人物。

但这里有一个前提是，同事有别于至亲。很多时候，我们最爱朝亲人吐露心声，因为亲人是与我们有血缘关系的人，可以令我们信任。在亲人无法理解时，我们又会朝没有利益冲突的好友，甚至是对陌生人袒露心扉。但不管我们倾诉的对象是谁，这其中绝不包含同事，千万不能对同事无所不语。

毕竟职场是一个是非之地，同事之间既存在合作关系，又存在竞争关系。极有可能我们对A吐露的知心话，没多久A会告诉B，最后传遍整个公司。如果我们的话很平常，不涉及他人是非或利益，传出去倒也没什么，倘若涉及了他人是非和利益，传出去之时就是我们在公司寸步难行之时。

郝媛是一位名校毕业的高材生，业务能力非常强。按理说，这样的人才在企业里应该能混得如鱼得水，但现实却是郝媛入职没多久就被解雇了。

郝媛为什么会被解雇？这和她藏不住话的性格有关。

有一次，郝媛的同事做了一份报告，郝媛拿到手里看了几眼，就发现了一个非常明显的错误，当下改正了过来，同事一阵感激。按理说这件事过去就过去了，可郝媛有一回与某个同事逛街时，忽然提起了那位犯了低级错误的同事。

郝媛问同事："王哥大学毕业了吗？"

"毕业了呀，而且还是名校毕业的。怎么了？"同事问。

郝媛听后，口无遮拦地说："王哥前两天做了一份报告，犯了一个小学生都不会犯的低级错误。我真怀疑他的学历是不是造假？还是他走后门进公司的？"

同事听后干笑了两声，没有回应。

令郝媛没想到的是，王哥居然知道了她与同事说的话。那一天，王哥拿着自己的毕业证书，啪的一声放在了郝媛的桌子上，让郝媛看一看他的学历是不是造假的。这举动让郝媛尴尬极了，完全没想到自己随口说的话被同事传到了王哥的耳中。

吃了一次亏，按理说郝媛应该明白与同事间不能无话不谈，可是没过多久，她又犯了老毛病。在一次午休时，她与几个同事谈论起领导。郝媛说："咱们部门经理今年才三十五岁吧，怎么头顶上就成地中海了呢？还有，你们说他

一个大男人画什么眉毛呀？简直让人不忍直视……"

就这么几句议论领导的话，不知不觉传到了部门经理的耳中。对方非常恼火，明着暗着刁难郝媛，让郝媛常常无法按时完成工作，工作质量也达不到标准。就这样，没过多久，高材生郝媛就被解雇了。

郝媛被解雇，完全是因为与同事聊天时，不知道思考哪些话能说，哪些话不能说。正是因为她对同事的口无遮拦，才令她在职场上寸步难行。

像郝媛这样的事情其实每天都在发生。或许你是个很有正义感的人，忍不住要挺身而出"匡扶正义"；或许你是个外向型的人，眼里看不惯嘴里要说出来；或许你是个"事不关己，高高挂起"从不多管闲事的人……但无论你是个什么样的人，你都得和同事们日复一日年复一年地相处下去。

这就需要掌握一些与同事说话有分寸的招法，塑造一种受欢迎和受欣赏的说话形象和风格，以便使身边的同事不至于小看你或者抓住你的某个话柄找你的麻烦。

职场上，当利益一致的时候，同事之间关系熟络，常有互相袒露心扉的时候。不可否认，有些同事的嘴巴很紧。但是可能今天我们和这位同事关系极好，明天谁又能说得准关系如何呢？如果哪天你们之间有冲突了，或者彼此的关系出现破裂，那么这些话往往会成为对方威胁你的"把柄"。

因此，我们要牢记，与同事绝对不能无所不语。与同事聊天时，话到嘴边一定要留三分，说出去的话也要再三斟酌。

190

一般来说，我们不能与同事聊这样几个话题：

不要私下议论领导

议论领导的不足和私事，这是职场上最忌讳的事情。不要以为领导不会知情，办公室中没有不透风的墙，除了同事会主动向领导打小报告外，领导也会询问，往往你刚说完，下一秒已经传到领导耳朵里了。为了不被领导逮住小辫子，绝不能与同事聊这样的话题。

不要提及同事是非

同事之间难免出现各种矛盾和摩擦，此时即便你对对方再有意见，也不要和其他同事说出这位同事的是非。在职场上，很多工作都离不开同事的帮忙，说同事是非就要做好孤军奋战、被排挤的准备。

不要涉及个人隐私

职场人每天最少有八个小时待在单位，和同一个办公室的同事，除了谈论各自的工作之外，当然还会涉及很多其他话题，但是千万不要将自己的私生活暴露在同事面前。特别是过于隐私的话题，更要保密好。否则，你的私事可能会变成整个办公室人尽皆知的话题，甚至沦为别人眼中的笑柄。

不谈自己的职业规划

身在职场，相信每个人都有自己的期望和规划。当与同事闲谈时，有人可能会提及这方面的话题，此时你可以参与，但一定不要多说。可能你认为这些事情无关紧要，对其他人没有影响，所以就毫无心机地说了出来。但真的无关紧要吗？你的职场规划一般包含了自己的职业向往，或是晋升之路，说不定你的同事就

是你的竞争者。"知己知彼，百战百胜"，你的下场会是什么？

在职场上，要靠自己的真实本事做事，多做事少说话，一定要当心祸从口出。知道什么话应该说，什么话不应该说，你才能在职场上发展得好，发展得快。

出现工作矛盾，好好讨论，不要争论

每一个同事性格不同，脾气不同，以至于相处久了，总会发生一些争执。在职场上，当遇到与自己想法相左的同事时，你会如何处理呢？

据我观察，不少人会想方设法地去说服对方，争取口头上"争赢"，气势上压倒对方。于是乎，在说服的过程中，稍微控制不好情绪就会抬杠、争论，最后闹得彼此都不愉快，甚至水火不容。如果一有想法不同就去争论，那么往后的相处无疑是互相折磨，工作也不可能好到哪里。

李彦是我的一位朋友，是一个很有能力的人，曾在一个月的时间内拿下了三百万的订单。不久前，李彦得到了一个竞选市场总监的机会。即使还有另外一个同事与他一起竞选，他也毫不担心，因为明眼人都知道他的能力比那位同事强很多，他也相信，大家一定会明智地投自己一票。

可现实却狠狠打了李彦一巴掌，因为同事们几乎都把票投给了竞争对手，他只得了寥寥几票。李彦与总监之位失之交臂，他的心情可想而知。他搞不明白，为什么那么多的同事会把票投给能力、思维都不如自己的竞选对手。自此，他一直闷闷不乐，做事也不再积极，业绩下滑了不少。

见此情况，领导主动找到李彦，点明其中的缘由，"李彦，不可否认，你的确很出色。但是每当和同事意见不合时，你总是会和对方抬杠，最后演变成争执。虽然每一次，同事们都败在你的才思敏捷之下，但也因此而厌恶你。所以，你该控制自己的情绪。只有心平气和地与人讨论，大家才会信服。"

领导的话让李彦开始反思起自己，的确，每每与同事意见对立时，他总想着要比对方强，于是总是想方设法去反驳。恐怕就是这样，才让他失去了人缘。有错就改，善莫大焉。李彦意识到自己的错误后，就学着控制自己的情绪。渐渐地，同事们对他有了改观，人缘也一点点拾起来了。

与人抬杠本身就是一种不礼貌的行为，会让人感受不到尊重，而这种行为无异于对别人的挑衅。可以留心观察一下，倘若一个人抬杠得越激烈，被抬杠的人的情绪将会越激动。在不断升级的话语中，在不自知的情况下，彼此的态度渐趋蛮横，话语逐渐伤人，结果自然是关系的破裂。

我们需要明白，工作中意见对立，想法不同，这是一件非常常见的事。抬杠和争执并不能让我们的意见被人接纳，唯有平

和地去讨论才是解决意见对立的最好方法。此外，我们也不能保证自己的意见就是正确的，就是最好的，或是别人的意见是不好的，只有经过讨论后的意见才是众望所归。

那么，如何才能避免和同事争执的习惯呢？

在这里，提供给你几个很简单的小方法。

当出现工作矛盾之时，第一步就是要控制自己的情绪。无论你遭遇了多么不公的事情，你可以直抒胸臆，但千万不要感情用事，采用激烈的言词，甚至过火的态度，不妨先冷静下来，想一想，冲动是魔鬼，凭借着一时的冲动和别人争吵是否值得。这样，你的情绪就会得到迅速转移。

在彼此情绪稳定的状况下，心平气和地说出自己的想法，一定要有条不紊地去说，只有条理性极强，说服力才强。而且，最好是能够以"我不确定自己的想法是否正确，我是这样想的……""如果我的想法有错，请你指出来"等，这样会让对方感受到尊重，自然就能心平气和地听取你的想法。

时时告诉自己：一个问题没有绝对的对错之分，与人发生不同意见时，找出双方一致的地方，并强调对方的优点，先肯定对方，对方也就会对你的某些意见表示让步，大多时候争论就不会发生。比如，你可婉转地说："关于这一点，我同意你的意见，不过除此之外，不是还有这样的方法吗……"

既然是讨论，就应该是你一句我一句地去说。这就好比是一场聊天，倘若一个人一直不停地说，从不给他人说话的机会，那么一定会让他人心生不耐。哪怕你说的再对再美妙动听，也都无法让人信服。正确的做法是保持冷静，耐心地聆听他人的说法，等他人说完后，再发表建议。

很多时候，你不必和别人争执得面红耳赤，也不必抬杠到对方哑口无言，只需面带微笑心平气和地去讨论，就能得出一个令彼此都信服的结果，皆大欢喜。

第九章
看看别人是怎样沟通的

所有领导几乎每天都在沟通，但是说的话好不好听，有没有效果，却截然不同。一个人的领导力最突出体现在其沟通的开放性与技巧性上，这早已不是秘密。那么，你都了解清楚了吗？

会沟通的领导，才能把队伍带好

你可能拥有丰富的知识储备，拥有过硬的专业技术，但仅仅只有这些无法让你成为一名合格的领导。作为领导，更重要的是优秀的沟通能力，这是领导必备的重要技能，在一个团队里更是如此。因为良好的沟通，从小处说可以避免公司人员之间的误解或误会，从大处说关系到一个组织的生存和发展。

罗兰被一家制造企业聘为厂长，他虽然是管理方面的精英，拥有丰富的经验，但在技术方面却并不是很擅长，因此员工们对这位新厂长不服气，认为他并不了解业务，对于他所提出的新的管理方案也不配合，甚至在生活中都不与他的接近，尤其是两位资深的主管对罗兰十分不服气。

面对这一情况，罗兰非常担忧，经过深思熟虑后他想出了一个应对策略。

平时有时间的时候，罗兰经常会带一些小礼物到两位主管家里拜访，和他们及家人谈天说地，也会谈论工作上的一些事情。两个月后，两位主管也开始时到罗兰家里拜访，喝茶，聊天，也会报告一些厂里员工的情况，并对一些问题发表自己的看法，渐渐地罗兰对厂里的情况越来越了解了。半年后，罗兰和两位主管几乎成为了无话不谈的朋友，取得

了很多工作上的共识。

　　与此同时，在上下班的时候，罗兰经会在厂子里四处走动，看见谁都会主动热情招呼，"嘿！马主任，听说你女儿功课特棒，她的脑袋一定跟你一样聪明。""王秘书，我看见过你老公在门口等你，他真是体贴，而且又高又帅！"……中午时，罗兰还经常和大伙儿一起用餐，有说有笑。没过多久，大家几乎都接纳了罗兰，在执行罗兰新制定的管理规程时也没有那么多怨气了。

　　现实中，很多领导将自己的工作区域局限在办公室，殊不知一个不会与员工沟通，并与员工打成一片的领导，是永远得不到员工的真心认可的。因为缺乏了必要的交流和沟通，彼此之间不了解，员工很难在生活中亲近你，也就不能对你建立起更多的信任。这无形中会增加工作阻力。

　　那么，如何得到员工的认可呢？相信上面的故事，一定会给你非常好的提示。

　　沟通对每个人来讲都很重要，对掌控全局的领导者来讲更是如此。当你走到沟通的平台前，尽可能与所有员工交流，进行一些面对面的交谈，表达和获取自己所需要的信息，往往能随时随地发现问题，提高各项决策的正确性和执行效率，这正是卓越管理能力的最好证明，也是团队精神的必要条件。

　　美国惠普公司在沟通方式上采取的是"走动式"，这是一种不拘形式的惠普式沟通方式，是通过随意交流或正式会谈从而与员工及其工作保持密切联系，目的是帮助管理者们了解属下员工和他们正在做的工作，有效进行信息沟通，执行解决问题的方案。

例如，惠普公司全体人员都在一间敞厅中办公，各部门之间没有隔墙、没有门户，这种管理模式具有很大的特征：经理经常在自己的部门中走动，或者能够出现在随意的讨论中；员工在公司中的横向联络；举办茶话会、午餐交流及办公室走道里的交谈。

为此，惠普公司还制定了很多相关的政策，如在员工的责任条款中规定：员工有责任公开提出问题；与直接上司讨论解决问题的最佳选择；明朗而真实地进行沟通交流；了解解决方案应该包括与他人进行交谈；清晰表述具体需要的管理行动，等等。

这就建立了一个关系融洽、激情和干劲十足的团队，从而更加有效地开展工作。

所以，不管你是大公司还是小公司的领导，总待在办公室中你的脑中除了一些整理得井井有条的数据以外一无所有，很容易脱离实际，得不到员工的认可。当下属出现情绪低潮，提不起劲儿，不愿工作时，不妨走出办公室，深入基层，开展走动式沟通，和员工们好好地"闲谈"一番。

就算是下命令，都要让人觉得好听

职场中，每位领导每天都会发布各种大大小小的指令。此时，你会如何和下属沟通呢？

真正聪明的领导讲究的是以德服人，靠自己的能力和公正去震慑下属，沟通时也会本着尊重对方的原则。而那些愚蠢又没有本事的领导，往往则习惯用高高在上、颐指气使地去压人。"这件事，你必须听我的。""我要你现在立刻马上……""我已经决定了，没有商量的余地……"

殊不知，没有任何人喜欢被轻视，被高高在上地命令，即便是你的下属，也不会总喜欢听到那些命令式的语言。动不动就用命令的语气，凡事都以服从你为标准，只会换来口服心不服，久而久之下属可能连听的兴趣都没有。

旭东创办了一家公司，因为早年积累了不少人脉关系和资源，公司在运营方面一直都比较顺利。但不久之后，旭东就发现了一个问题，那就是公司的销售部门辞职率很高，留不住人。销售部是公司的重点部门之一，待遇是全公司所有部门中最优厚的，可为什么却无法留住员工呢？

为了搞清楚这个问题，旭东就将侄子阿显安排进了公司做"卧底"，去打探那些员工究竟不满意什么，为什么总想着要辞职。

刚到公司没几天，阿显就发现了问题所在。销售部的孙经理是个工作能力非常强也非常严肃认真的人，他有个习惯，那就是每次在吩咐手下员工做事的时候，他的态度总是很强硬，语气也很生硬。对此，销售部很多员工都颇有微词，觉得他态度嚣张，不尊重人，工作上自然也不愿意积极配合。

　　孙经理不知道阿显的身份，当然，阿显也难逃这种遭遇。比如，有一次孙经理安排阿显去打印文件，"听着，现在立马去打印文件，三分钟后我要在办公桌上看到它。"当向旭东汇报的时候，阿显愤愤不平地说："那天他就像主人吩咐奴才似的，我真想把他骂个狗血临头，然后一丢辞职信，潇洒地和他拜拜……要不是记挂着叔叔您交给我的任务，我当时真特别想那么干！"

　　这回旭东算是明白，为什么销售部的辞职率如此高了。

　　人都是有自尊的，没有谁会喜欢被别人当成工具一样随意指挥、随意命令。作为领导，你之所以下达任务给你的下属，为的是让他漂亮地完成任务。既然如此，何不在下达任务的时候稍微改变说话的方式和口吻，用一种更能令对方愉悦的方式呢？比如，用建议来替代命令，用商量替代指使。

　　"我觉得你或许可以这样"

　　"这件事情建议你……"

　　"如果你有异议，我们可以商议……"

　　……

　　很显然，生硬的命令式语气会让人心中产生抵触的情绪，即便这个人是你的下属；而以平等和信任的姿态传出来的命令显然从心理上来说更能让人接受，而且还能增强下属的责任感。有助于让对方意识到，自己将要做的事情是与自己的利益息息相关的，而不是为了下达命令的领导去做的。

　　一位助理是这样描述他无比敬佩的上司的："经理从来不会

用命令的口气来指挥我做事情，每次他把自己的想法和意见说出来之后，都会非常诚恳地让我提意见，这让我觉得他非常尊重并且看重我。每次他需要改动我起草的文件时，都会用商量的语气说：'这里如果改成这种形式，是不是更好些？'通常情况下，他很少会干涉手下的做事方法，只在有需要时会向对方伸出援手……"

从这位助理的描述中不难想象，他所敬佩的这位领导者显然是个非常懂得尊重人的成熟领导，讲究以德服人，而不是权势压人。在这样一位领导身边工作，确实是件轻松愉快的事情，也难怪这位领导能够得到助理发自内心的赞誉了。沟通中就是如此，你敬人一尺，别人自会敬你一丈。

批的时候悠着点，才不会招人恨

在工作中，领导人多会对员工寄予厚望，希望他们能不断进取，力争上游。但当员工的成长与期盼形成反差，特别是他们出现失误和差错时，有些领导往往轻则拍桌子瞪眼，重则讽刺打击。殊不知，这种态度不仅于事无补，而且会激发员工的对立情绪，将他们逼向自己所不期望的反面。

要知道人都有自尊心，谁也不会喜欢被人随意地轻视和辱骂。

俗话说得好："金无足赤，人无完人。"这个世界上本就不存在完美，无论多么优秀的人，终究都会有犯错误的时候，会有办砸事情的时候。而作为领导，批评员工的目的是为了帮助员工发现错误，并改正错误，避免在下一次遇到同样的场景时继续犯错。所以，批评也是需要讲究方法和方式的。

多年前，我曾读过关于"经营之神"松下幸之助的传记，里面提到这样一则故事：

有一次一名员工犯了错，导致松下公司损失了一笔钱。"你到我办公室来一下。"当接到老板松下幸之助的通知时，这位员工心里十分忐忑，他猜想自己肯定会挨一顿批判，甚至可能因此丢掉这份工作。没想到，松下幸之助并没有说严厉的话语，而是诚恳地对他说："关于你这一次的事情，我打算提出书面的批评。当然了，如果你本人对此毫不在乎，那么我们随时可以到此为止。如果说你对我的批评感到不满，认为我这样做不公道，那么我同样可以收回我的决定。但如果你认为我说的有道理，并且愿意诚恳地接受我的批评，那么，尽管这一次你要为你的错误付出一些代价，但我认为这是完全值得的。你将会在这一次的错误中吸取经验和教训，这有助于你成长为一名更加优秀的员工。所以，现在请思考一下，然后告诉我你的决定。"

听了松下幸之助开诚布公的话，员工点点头说自己从心底里接受这次批评。

松下幸之助微笑着说道："你十分幸运。如果有人能在我的职业生涯中，这样开诚布公地对我提出批评，我会非常感谢他。不过遗憾的是，即便我真的做错了事情，你们也

不会当面对我提出批评，而是选择在私底下议论。这样的结果会导致我不停地在同样的错误中纠缠。一个人职位越高，地位越高，他接受批评的机会就会越少。而你，因为有我和其他管理者的监督和批评，可见你是多么幸运。这种机会对于我来说则是求之而不得的，希望你也能够好好地珍惜这次机会。"

在这件事以后，这位员工不仅更加卖力地努力工作，而且对公司愈加忠心，他多次向朋友提起这件事，"即便被开除我也无可反驳，但是老板却给了我一个机会，让我从自己的过错中吸取教训，弥补所犯下的错误。"言谈话语之中，他流露出的都是对松下幸之助的无限感激与崇敬之情。

领导批评犯错的员工，这本是一件再正常不过的事情，松下幸之助完全可以不理会员工，自己做出裁决。但他并没有这样做，而是把选择权交给了员工，开诚布公地把自己的想法告诉他，并由员工自己来选择是否接受书面批评。松下幸之助的这种做法给予了员工极大的尊重和信任，让员工心悦诚服地接受了他的批评。不得不说，"经营之神"果然名不虚传，沟通技巧实在令人叹服。

对于有过错的人而言，他们最需要的就是获得重新证明自身价值和展示自己才华的机会。批评是为了让员工认识自己的过错，吸取教训，并更好地奋进。因此作为领导，批评下属也是管理的重要手段之一。每个人都应该明白，批评的重点不在于指责或谩骂，而是人才的培养和能力的提升。

要做到这一点，需要从以下几个方面入手：

批评之前先了解事情的真相

很多事情往往不像我们表面看到的那么简单，在批评员工之前不能偏听偏信，一定要调查了解实际情况，听听对方的解释，是否只是使用不同的方法做事？被批评者来说，实事求是地就某一件确有的错误行为进行批评，他就能比较容易接受，并认真对待和改正，从而收到批评应有的效果。

批评的程度要恰当适度

批评时的言辞表达要实事求是，讲究分寸，既不夸大，也不缩小。另外，批评的次数也要恰当适度。批评一次，如果对方改正了，就不要再进行批评了。如果对同一错误接二连三地进行批评，或在同一时间内对不同缺点错误批评过多过频，很容易引起员工的反感，也达不到批评教育的目的。

要以真正关爱员工为基础

既然批评是为了帮助员工认识错误，改正错误，那么从某种意义上来说，这是一种关爱对方的表现。因此，批评时要站在对方的立场上，以关怀、爱护、诚心诚意的态度来对待对方，耐心地倾听对方的意见，以换取对方的"诚意"。一旦双方取得相互理解和信任，批评就容易收到成效。

私下批评比当众批评更好

即便员工犯了错，作为领导也应该充分考虑员工的自尊心和脸面。所以，批评最好还是在私下进行，尽量避免当众批评员工，以免影响员工的工作效率和积极性。如果遇到一些比较严重的问题，需要公开进行批评，那么也应该像松下幸之助那样，提

前告知员工，让他有心理准备。

人太骄傲，冷水浇一浇

有一些员工内心骄傲，自尊心又强，时常仗着自己有能力，有资历，采取我行我素的工作态度。你苦口婆心地和他讲道理，他根本不放在心上；你磨破嘴皮他也不愿听从，甚至一意孤行；你疾言厉色地压制他，他也根本就不买账。作为领导，如果你手下有这样的员工，一定会头疼不已吧？

不同的人有不同的性格，需要运用不同的沟通方法。对待员工，亦是如此。面对以上的"刺头"员工，不妨适当地改变一下沟通方法，突然给他一个强烈的反刺激，挑起他的好胜心，刺激到他的自尊心，那么他立刻就能像变了一个人似的，卯足一百二十分的精神去做某件事情。

我曾在一家企业担任生产经理，期间新来了两个小学徒，一个叫阿薪，一个叫阿赫。阿薪脑子机灵，手脚麻利，聪明得很，但就是有些懒散，偏偏性子还挺傲，根本听不进别人的批评和意见。带他的师傅向我反映过好几次，说根本没法子管住他。和阿薪不同，阿赫虽然能力比阿薪稍微欠佳，但他是个特别勤奋又特别好学的年轻人，听话乖巧得很，很得厂里老师傅们的欢心。

我是个惜才的人，能看出阿薪确实是个人才，但他这性子若是扭转不过来，那么再有天赋恐怕也是白搭，成不了什么大器。于是，我决定让阿赫提前定级出徒。

那天，我刚把让阿赫定级出徒的消息公布下去，阿薪就直接找到办公室，满脸不服气地质问，为什么定级出徒的人是阿赫而不是自己。

看着阿薪满腹牢骚的样子，我笑了笑，不以为然地对阿薪说道："其实，单从技术方面来说，你和阿赫称得上是不相伯仲的。但你也知道，在全年生产竞赛里，阿赫可是夺魁6次，还有3次亚军呢。你琢磨琢磨，他这一年能干一年半的活儿，你能和他比？你有什么优势和自信？"

听了我的这番话，阿薪沉默了，虽然他一直觉得自己技术比阿赫好，脑袋也比阿赫聪明，但考虑到我说的这些也的确是事实，他根本无法反驳。

见此，我接着又说道："你想想在平时的工作里，阿赫这孩子不怕苦、不怕累、不嫌脏，什么活儿都抢着做。你呢？别说主动了，恨不得拨一拨才能动一动，有时候甚至连拨都拨不动。你要真是觉得不服气，那你就拿出精神来，好好做出个样子，让大伙瞧瞧你是不是真比阿赫强！"

我的这一席话算是彻底点燃了阿薪埋藏在心里好胜的小火苗，后来为了证明自己，阿薪一反常态，干起活简直判若两人，也不再仗着自己有几分小聪明就投机取巧了。到次年年底的时候，阿薪以优异的表现顺利得到了定级出徒的名额，并且以骄人的业绩被评为公司的"先进工作者"。

发现了吗？在这里我使用的是沟通技巧中的"激将法"。所谓"激将法"就是利用人们的自尊心和逆反心理，对其进行怀疑、担心、不信任，"刺激"对方"不服气"的情绪，进而产生一种奋发进取的"内驱力"。如此一来，就能把对方的潜能充分发挥出来，达到说服对方的目的。

明代哲学家王守仁就曾说："天下事或激或逼而成者，居其半。"意思是说，天底下的大事业，有一半是被激或被逼出来的，可见激将的效果是十分显著的。

对于领导者来说，最难对付的员工类型无疑是那种有本事却又非常骄傲的人。既然是人才，自然要想办法留下，可仅仅留下是不够的，你还得收服他，让他听从你的指挥，这样才能真正把人才物尽其用。那么一定要学会善用激将法，这种沟通方法绝对称得上是骄傲员工们的"克星"。

需要注意的是，运用激将法时要适时适度。每个员工承受外界环境的刺激或压力都有一定的限度。在此限度内，给予刺激、压力的强度和"内驱力"成正比。如果超过了这一限度，就会导致与期望相反的反应，强弩之末不能穿透一张白纸，任你如何激将，他都无动于衷，激将法就变得无用了。

当然，施用激将法时也要考虑对方身份和性格。一般说来，激将法只适合用在那些能力较强但心高气傲、作风散漫、性格大大咧咧的人身上。如果对方着实是个没有什么真才实学的"草包"，或者缺少那股"不服输"的倔强，那么不管你再怎么"激"，也是无法达到想要的效果的。

聪明的老板，激励的高手

一个好的领导不一定是一个会做事的高手，但一定是一个会激励人的高手。

在这里，说一种激励人心的沟通技巧。

我的一位创业朋友，曾多次在公司会议上，慷慨激昂地发表以下言论：

"只要大家肯跟着我干，就一定有赚不完的钱可赚。"

"虽然我们公司现在正处于起步阶段，但是五年后，我们的目标是上市。"

"以后公司发展壮大了，你们在座的所有人都是公司元老。"

……

为什么要这么说？对此，朋友给出的解释是："虽然这些话现在听起来有些虚无缥缈，但是现在很多企业面临员工留不住的问题，说到底是因为员工觉得没有奔头，继续留在企业自己也得不到发展。想要为企业留下更多人才，为企业发展提供坚实助力，就要让员工觉得有奔头，有奔头才有动力。"

听到这里我明白了，朋友这是在未来愿景上下功夫，将大家所期待的未来远景着上鲜丽的色彩，并用充满自信且热情洋溢的话语，向员工描述企业广阔的发展空间。

吉姆·柯林斯在《基业长青》一书中指出，"那些真正能够留名千古的宏伟基业都有一个共同点：有令人振奋、并可以帮助员工做重要决定的愿景。"

在这里，愿就是心愿，景就是景象。愿景概括了未来目标、使命及核心价值，是愿望实现以后伴随而来的美好景象。盖房子的时候，建筑师都是先把自己的想法具体地表现在蓝图上，再依照蓝图完成建筑。同样的道理，企业在运行时也必须要有一个行动的蓝图，用专业术语说就是愿景。

当员工了解到企业的优势和发展目标及企业的美好前景后，他们在做决策的时候，脑子里会有明晰的最终结果，而且对下一步该做什么也将变得清晰了。在这种文化氛围下，员工就可以做出明智的选择，并且激发出工作热情和实现目标的强烈渴望，全力以赴地朝着愿景前进，最终达成目标。

一个优秀的领导一定是一个善于描绘未来的人，一定善于用企业愿景激励员工。

正如《领导力》一书中所说的一段话："领导者就是贩卖希望的商人。只不过他卖的不是一般的商品，而是希望！他们与下属的关系很明显：我把希望给你，你把支持给我。不管是国家领导人还是企业领导人，一个成功团队的负责人，首先就要是个伟大的造梦者，依靠梦想来引导大家前进。"

不断地向员工展示企业发展的宏伟蓝图，让员工对企业前途充满信心，也是松下幸之助的重要"攻心"谋略。

　　早在1932年，松下幸之助在向企业员工演讲使命感的时候，就曾描绘了一个在250年内达成使命的愿景。其内容是：把250年分成十个时间段，第一个时段的25年，再分成3期，第一期的10年是致力于建设的时代；第二期的10年继续建设，并努力活动，称"活动时代"；第三期的5年，一边继续活动，一边以这些建设的设施和活动的成果贡献于社会，称"贡献时代"。第一时间段以后的25年，是下一代继续努力的时代，同样要建设、活动、贡献。如此一代一代地传下去，直到第十个时间段，也就是250年以后，世间将不再有贫穷，而是变成一片繁荣富庶的乐土。

　　松下幸之助为员工描绘的未来愿景，可以说是企业界的先例。这种具体而详细的规划，让每个员工都拥有了灿烂辉煌的梦想，使员工对企业前途充满了信心，知道自己在做什么，也知道为什么要这样做，从而提高了工作热情和积极性，促进了企业的快速发展，其作用是不可估量的。

　　领导者就是带领大家朝着一个方向迈进，如果你不能给员工带来希望和愿景，你就不是一个好的带队者，队伍迟早要垮，或者你被人取代。

　　客观来说，我们都不喜欢被人忽悠，但是却情不自禁被激励。在很多交际活动中，适时说出一些带有愿景色彩的话语，"咱们的合作一定会让各自上个新台阶""选择我们就是选择了

成功"……这些积极的、振奋人心的信息总会让人产生对你的认同感，而这种效果往往是我们喜闻乐见的。

当然，不要只是嘴上"画大饼"，最重要的是实际行动！